参与式语文教师培训资源

丛书主编 ◎ 王荣生

"十二五"上海市重点图书

写作教学教什么

主编 ◎ 王荣生
执行主编 ◎ 邓 彤

华东师范大学出版社
·上海·

图书在版编目（CIP）数据

写作教学教什么/王荣生主编.—上海：华东师范大学出版社，2014.7
（参与式语文教师培训资源）
ISBN 978-7-5675-2377-7

Ⅰ.①写… Ⅱ.①王… Ⅲ.①作文课-教学研究-中小学-师资培训-教材 Ⅳ.①G633.342

中国版本图书馆 CIP 数据核字（2014）第 173116 号

参与式语文教师培训资源

写作教学教什么

主　　编	王荣生
执行主编	邓　彤
责任编辑	吴海红
审读编辑	吴敬东
责任校对	邱红穗
装帧设计	卢晓红

出版发行	华东师范大学出版社
社　　址	上海市中山北路 3663 号　邮编 200062
网　　址	www.ecnupress.com.cn
电　　话	021-60821666　行政传真 021-62572105
客服电话	021-62865537　门市（邮购）电话 021-62869887
地　　址	上海市中山北路 3663 号华东师范大学校内先锋路口
网　　店	http://hdsdcbs.tmall.com/

印 刷 者	常熟高专印刷有限公司
开　　本	787毫米×1092毫米　1/16
印　　张	14.5
字　　数	247 千字
版　　次	2014 年 11 月第 1 版
印　　次	2024 年 12 月第 22 次
书　　号	ISBN 978-7-5675-2377-7/G·7550
定　　价	45.00 元

出 版 人　王　焰

（如发现本版图书有印订质量问题，请寄回本社客服中心调换或电话 021-62865537 联系）

参与式语文教师培训资源编委会

王荣生　徐雄伟　李海林　郑桂华　吴忠豪　高　晶　夏　天
李冲锋　陈隆升　邓　彤　童志斌　步　进　李　重　申宣成

主题学习工作坊授课专家

于　漪　　当代语文教育家，曾任上海市教科文卫委员会副主任
张民选　　上海师范大学原校长，研究员，博士生导师
钟启泉　　华东师范大学终身教授，博士生导师
崔允漷　　华东师范大学课程与教学研究所所长，教授，博士生导师
方智范　　华东师范大学教授，博士生导师
倪文锦　　杭州师范大学教授，博士生导师
黄灵庚　　浙江师范大学教授，博士生导师
王栋生　　南京师范大学附属中学教师，特级教师，教授级高级教师
程红兵　　广东省深圳市明德实验学校校长，特级教师，教育部"国培计划"专家库专家
陈　军　　上海市市北中学校长，特级教师，教育部"国培计划"专家库专家
谭轶斌　　上海市教委教研室副主任，特级教师，教育部"国培计划"专家库专家
褚树荣　　浙江省宁波市教育局教研室教研员，特级教师，教授级高级教师
宋冬生　　合肥师范学院副教授，教育部"国培计划"专家库专家
邓　彤　　上海市黄浦区教育学院教研员，特级教师，教育部"国培计划"专家库专家
倪文尖　　华东师范大学副教授
童志斌　　浙江师范大学副教授
叶黎明　　杭州师范大学副教授
申宣成　　河南省基础教育教学研究室教研员
陈隆升　　台州学院副教授
周子房　　上海知明教育信息咨询有限公司教学总指导
杨文虎　　上海师范大学教授，博士生导师
谢利民　　上海师范大学学科教育研究所所长，教授，博士生导师
李海林　　上海新纪元双语学校校长，教育部"国培计划"专家库专家

郑桂华　上海师范大学教授,教育部"国培计划"专家库专家
吴忠豪　上海师范大学教授,教育部"国培计划"专家库专家
王荣生　上海师范大学教授,博士生导师,教育部"国培计划"专家库专家

课例研究工作坊执教教师和提供案例教师

钱梦龙　著名语文教学专家
郑桂华　上海师范大学教授
李海林　上海新纪元双语学校校长,教育部"国培计划"专家库专家
黄厚江　江苏省苏州中学教师,特级教师,教授级高级教师
曹勇军　江苏省南京市第十三中学教师,特级教师,教授级高级教师
马　骉　上海市虹口区教育学院副院长,特级教师
朱震国　上海市杨浦高级中学教师,特级教师
薛法根　江苏省吴江市盛泽实验学校校长,特级教师
王崧舟　杭州师范大学教授
岳乃红　江苏省扬州市维扬实验小学副校长,特级教师
蒋军晶　浙江省杭州市天长小学副校长,特级教师
茹茉莉　浙江省嵊州市城南小学校长,特级教师
周益民　江苏省南京市琅琊路小学教师,特级教师
邓　彤　上海市黄浦区教育学院教研员,特级教师
张广录　上海市浦东新区教育发展研究院教研员,高级教师
童志斌　浙江师范大学副教授
季　丰　浙江省富阳中学教师,高级教师
任富强　浙江省慈溪市慈中书院校长,特级教师
周子房　上海知明教育信息咨询有限公司教学总指导
申宣成　河南省基础教育教学研究室教研员
荣维东　西南大学副教授
郭家海　江苏省常州高级中学教师,特级教师
袁湛江　浙江省宁波市万里国际学校校长,特级教师
邓玉琳　广东省深圳市南山实验学校教师,高级教师

李金英　辽宁省鞍山市铁西区共同小学教师,高级教师
范景玲　河南省商丘市民权县程庄镇一中教师,中学一级教师
刘学勤　河南省商丘市民权县实验中学教师,高级教师

共同备课工作坊合作专家

王荣生　博士,上海师范大学教授
高　晶　博士,上海师范大学讲师
李冲锋　博士,中国浦东干部学院副教授,博士后
胡根林　博士,上海市浦东新区教育发展研究院教研员
陈隆升　博士,台州学院副教授
袁　彬　博士,南通大学副教授
于　龙　博士,上海师范大学副教授
李　重　博士,上海师范大学副教授
申宣成　博士,河南省基础教育教学研究室教研员
周子房　博士,上海知明教育信息咨询有限公司教学总指导
陆　平　博士,南通大学副教授
步　进　博士,江苏师范大学副教授
周　周　博士,贵州师范学院讲师
邓　彤　博士,上海市黄埔区教育学院教研员,特级教师
童志斌　博士,浙江师范大学副教授
孙慧玲　博士,上海市闵行区教科所教师,博士后
代顺丽　博士,闽南师范大学副教授,博士后
王从华　博士,赣南师范学院副教授,博士后

前　言

一年多前,"参与式语文教师培训资源"丛书启动,在第一次编务会,我就想好了丛书前言的第一句话:

这是值得你慢慢读的书,这是需要你用笔来读的书。

当我说出这一句话时,编务会的同伴们一致称好,因为这句话贴切地体现出这套"参与式语文教师培训资源"的特色。

这是值得你慢慢读的书

这是一套"语文教师培训资源"系列丛书,是在语文骨干教师培训实践中逐渐积累的优质课程资源。

从2010年起,"上海师范大学语文课程研究基地"承担教育部"国培计划"示范性集中培训项目,凭借强大的专业团队和积极投入的事业心,成为"国培计划"实施中语文学科的引领性标杆。

"上海师范大学语文课程研究基地"有四位教授入选"国培计划"专家库专家,2010—2013年,承担的教育部"国培计划"示范性集中培训项目30个班,涵盖语文学科的所有子项目,培训了来自全国各地师范院校、教师进修学校、教研室和中小学的培训者和骨干教师1500多名。

"国培计划"2010 示范性集中培训项目
　　——中小学骨干教师研修项目(高中语文)50 人
　　——中小学骨干教师研修项目(小学语文)150 人

"国培计划"2011 示范性集中培训项目
　　——中小学骨干教师研修项目(高中语文)100 人
　　——中小学骨干教师研修项目(小学语文)100 人
　　——(云南省)中西部教师培训项目(初中语文)100 人

"国培计划"2012 示范性集中培训项目
　　——培训者团队研修项目(语文)50 人
　　——免费师范毕业生培训项目(语文)150 人
　　——中小学骨干教师研修项目(高中语文教研员)50 人
　　——中小学骨干教师研修项目(高中语文教师)50 人
　　——中小学骨干教师研修项目(初中语文)50 人
　　——中小学骨干教师研修项目(初中语文教研员)50 人
　　——中小学骨干教师研修项目(初中语文教师)50 人
　　——中小学骨干教师研修项目(小学语文教研员)100 人
　　——中小学骨干教师研修项目(小学语文教师)100 人

"国培计划"2013 示范性集中培训项目
　　——培训者团队研修项目(语文)50 人
　　——中小学骨干教师研修项目(高中语文教研员)50 人
　　——中小学骨干教师研修项目(高中语文优秀教师)50 人
　　——中小学骨干教师研修项目(初中语文教研员)50 人
　　——中小学骨干教师研修项目(小学语文教研员)50 人
　　——骨干教师高端研修项目(小学语文)108 人
　　——(重庆市)小学语文骨干教师异地研修培训项目 50 人

这套丛书,立足于"上海师范大学语文课程研究基地"培训专家近年的研究成果,取材于上海师范大学2010—2013年所承担的教育部"国培计划"示范性集中培训项目的系列培训课程。

该系列课程聚焦"新课程实施中语文教学的有效性"这一主题,针对"教学内容的合宜性"和"教学设计的有效性"这两个核心问题。研修课程由三个互补的"工作坊"组成:

```
                主题学习工作坊

  共同备课工作坊            课例研究工作坊
```

主题学习工作坊:体现专业引领。安排有教育研究者"专家报告",语文教育研究者"专家视角",语文课程与教学的博士和博士研究生"博士论坛",以及课堂的互动交流。

共同备课工作坊:合作专家、参与学校和研修学员共同开展教学研究活动。与一线语文教师共同备课的"沉浸式体验",教研员和优秀教师的"交流与分享",按"散文阅读教学"、"小说阅读教学"、"文言文和古诗文教学"、"写作教学"、"语文综合性学习"和"高中语文选修课教学"等专题展开。

课例研究工作坊:专家教师和实践探索者的"教学示例与研讨"。研究者与一线教师的多重对话:"从教学内容角度观课评教",侧重在教学内容的合宜性;"以学的活动为基点的课堂教学",侧重在教学设计的有效性。

上述三个工作坊,由"主题学习"引领,"共同备课"和"课例研究"为双翼,相辅相成。"课例研究工作坊"与"共同备课工作坊"呼应互补,平行进行(有个别分册因主题的缘故,只包括上述一或两个工作坊)。

2013年,征得授课专家的同意,我们着手编撰这一套"语文教师培训资源",把实施"国培计划"的课程录像、录音,转录成文字,并加以精选、整理,以供广大中小学语文教师共享。

丛书有如下8本：

《语文教师专业发展十四讲》　　执行主编　李　重　博士
《阅读教学教什么》　　　　　　执行主编　高　晶　博士
《散文教学教什么》　　　　　　执行主编　步　进　博士
《小说教学教什么》　　　　　　执行主编　李冲锋　博士
《实用文教学教什么》　　　　　执行主编　陈隆升　博士
《文言文教学教什么》　　　　　执行主编　童志斌　博士
《写作教学教什么》　　　　　　执行主编　邓　彤　博士
《语文综合性学习教什么》　　　执行主编　申宣成　博士

这是需要你用笔来读的书

这是一套"参与式语文教师培训资源"，你不仅是读这些文字、知道一些信息，你必须参与其中，就像是培训中的一员。

如何将培训现场的情境性元素，在纸质的书上加以体现？这是我们在编撰丛书时着重要解决的问题，也是这套丛书有别于其他同类书籍的一个亮点。

在这套书中，在不同板块，你会碰到不同的人，他们是不同的角色。

首先是授课专家。在"主题学习工作坊"，你会看到专家的授课实录。其中"专家报告"，编入《语文教师专业发展十四讲》；"专家视角"，就是每一分册的"主题学习工作坊"的学习内容。在"课例研究工作坊"，你会看到授课的专家教师以及他们的研究课实录，还有在教学现场及丛书编撰过程中提供教学案例的老师及他们在实践探索中形成的教学案例。

其次，你会遇到培训现场的老师，你的同行，或许是同事。他们聆听专家的讲座，观摩授课教师的研究课，他们思考着，边听边做笔记，他们发表自己的见解，提出自己的疑问，与专家交流互动。在"共同备课工作坊"，他们与合作专家一起，讨论一篇课文的教学内容，反思自己对语文教学的理解，交流和分享教学经验，也会流露在教学实践中遭遇的困难和疑惑。

在"共同备课工作坊"，你会见到一些备课合作专家，他们是上海师范大学和华东师范大学的博士，有四位还是博士后。在进入备课教室之前，备课专家组已经对课文做了充分的研讨，但他们清楚地知道自己的职责：备课合作专家，并不是比语文教师高明的人,他们只是在与语文教师共同备课时,提供一个可能有别于教师的视角,以启发参与备课的教师以新的眼光来对待备课的课文。备课合作专家所做的工作主要是两项:第一项,问"为什么呢?"通常备课伊始,教师们对一篇课文教什么,会有不同的经验和见解,但这些经验和见解很少经过反思。张老师说,应该教这个;李老师说,应该教那个。这时,备课合作专家就会行使职责,他会问,往往是追问:"为什么呢?"也就是专业的理据,在追问和进一步研讨中,促使教师反思自己的经验和见解。第二项,提议"这么看,行不行呢?"当备课的教师陷入"常规思维"时——往往是被不合适的教学习俗所钳制,或者当备课的教师们争执不下、陷入僵局时,备课合作专家就会基于他们事先对课文的研讨,提出思考和解决问题的思路,引导教师从一个新的方向、换一种新的眼光来看待这篇课文,去选择合宜的教学内容。

是的,你一定意识到了:共同备课,并不是追求一篇课文的"最佳设计"。事实上,在"国培计划"实施中的"共同备课",尤其第一次"共同备课工作坊",往往是一个半天过去,备课小组对这篇课文"教什么"、"怎么教"还没理出头绪来。"共同备课工作坊"的目的,是促使教师反思自己的经验,是希望教师尝试着运用"主题学习工作坊"所学的理论。因此,"共同备课"的成效,主要表现在备课教师经验的获得上:(1)哦,原来我这样做,是不对的!(2)哦,教学内容原来是这么来的!

显然,在"共同备课工作坊",如果你把自己当"旁观者",如果你只是被动地追随书中的文字,如果你读了以后只是知道了张老师说过什么、李老师说过什么,以及备课合作专家说了什么,那么,你将毫无所获,或不得要领,或买椟还珠。

你必须把自己当作备课小组中的一员:你应该事先熟悉课文并进行教学设计的尝试,或在看书时带上你的教案(如果你原来上过这篇课文的话);你要发表自己的见解,对别人的发言你要作出回应;当备课合作专家问"为什么呢?"你要回答问题;当备课合作专家说"这么看,行不行呢?"你要回味你这时的心理反应。

不但是"共同备课工作坊",在"主题学习工作坊",在"课例研究工作坊",如果你只是知道了某位专家说过什么,只是知道了某位授课教师的课是这样的,这就没有把握住要点,因而也不会有什么用。要点在于:专家这么说,对你、对你的教学,意味着什么?要点在于:授课教师这篇课文教这些,为什么呢?道理何在?或没有教那些(如果你过去恰好在教那些),为什么呢?道理何在?

语文教师是专业人员。什么是"专业人员"?专业人员就是依据专业知识行事的人。培训不是听某位专家一个讲座,听另一位专家一个讲座,看一个专家教师的课,看另一个专家教师的课;培训的目的不在这些。培训的目的,是发展自己的专业知识和专业能力。而这,需要参与培训的人去明白道理,去探寻学理,去改善自己的学科教学知识,从而改善教学,惠及学生。

显然,读这套书,你必须始终"在场",就像自己在培训现场。拿起笔,你将经历的,是学术性的阅读。

这对你可能有些难。于是,"参与式语文教师培训资源"最重要的人物出场了。

他就是你读的这本书的"执行主编"。在你拿起笔阅读的时候,他陪伴着你。他会告诉你,在听讲座之前、在观摩授课教师的课之前、在进入共同备课之前,你需要做什么;他会提醒你,在阅读过程中什么地方你应该停下来,想一想;他还会要求你,在听讲座、观摩课、共同备课,以及读完这些文字以后,你还需要做什么。

请你按照"执行主编"的提示,展开这套丛书的阅读。

因此,在展开书阅读之前,你有必要了解书的编排方式:

1. "主题学习工作坊"编排方式

【专家简介】

【热身活动】相当于预习作业。引导读者联系自己的教学实践,进入后续的学习。

【学习目标】指明通过这一主题报告的学习,教师能解决语文教学中的什么问题,谋求语文教学哪些方面的改善。

【讲座正文】用序号和小标题,使讲座正文更具条理。用双色,凸显讲座正文的重点内容,尤其是在讲座正文的学习中需要关注的地方。

【要点提炼】"要点提炼"用方框呈现。"要点提炼"起辅导员的功能:梳理讲座的内容条理,提炼正文中的关键语句。对正文中说得较为复杂的,予以归纳;理解正文需要某些背景的,介绍相应的背景资料;有些内容在正文中可能没有展开,加以解释和延展;有些地方讲座者未必直接点明结论,逻辑地引申出结论。

【反思】聚焦主题讲座的内容对改善语文教学的意义。相应设计反思活动,引导教师在反思的过程中,把讲座的内容与自己的教学实践勾联起来,思考如何改善语文教学。反思活动的设计,有三个要素:(1)明确反思的点;(2)提供反思的支架;(3)对反思的成果形式提出具体要求。

讲座正文	要点提炼	学习笔记(「我」的思考和反思)(提供样例供研修教师参考)
讲座正文	要点提炼	
讲座正文	要点提炼	

【要点评议】执行主编对主题报告的评议。执行主编相当于这场主题报告的评论员:指出报告的内容对改善语文教学的意义;必要时,围绕某一要点做较深入的讨论,或做进一步的解释。

【资源链接】提供进一步研究该主题的学习参考书目。

【后续学习活动】结合讲座的内容,联系教学实践,用"任务1—任务2—任务3"的形式,列出需要完成的作业,并提供支架和相关资料。

2. "共同备课工作坊"编排方式

【教学现状描述】(1)课文介绍;(2)评价性地描述这篇课文的教学现状;(3)解释为什么要选这篇文章进行共同备课,并指明通过这次共同备课着重要解决的问题(用正标题呈现出来)。

【热身活动】尽可能让读这本书的教师也能够进入这篇课文的备课状态。

【备课进程】叙述+实录。对共同备课的进程加以切割,使用小标题使其条理化。正文的紧要处,用专色加以突出。执行主编相当于备课过程的讲解员:描述备课的过程,解说现场的实况,用方框和云图帮助理解备课过程中所涉及的问题,以及参与备课教师的实践性知识反思和转变的表现。

【要点评议】执行主编对这次共同备课的评议。围绕共同备课所涉及的问题,凸显备课过程中需要教师明了的"学理":这篇课文的教学目标和教学内容应该是什么?为什么?或不应该是什么?道理何在?要点评议,也包括对共同备课的行为进行评议,分两个方面:(1)对合作专家的行为予以解释;(2)对参与备课教师的行为状态作出判断。

【反思】引导参与式阅读,随着共同备课的进程,指引教师反思自己的学科教学知识(PCK):在日常教学中自己是怎么备课的?这篇课文原来是如何教学的?教学目标和教学内容该如何确定?教学环节的依据什么?等等。

备课进程

要点评议

备课进程

要点评议

备课进程

要点评议

参与性意见和评论（「我」的见解及启发）
（提供样例供研修教师参考）

【问题研讨】聚焦在这类教学的道理。重点是教学目标的确定，教学内容的选择和教学环节的组织。

【后续学习活动】用"任务1—任务2—任务3"的形式：(1)提供一篇新的课文及该课文教学现状介绍。(2)建议研修教师（备课组）按共同备课样式备课讨论。(3)形成共同备课成果（教案）。(4)进行试教和研讨。(5)撰写备课反思。

3. "课例研究工作坊"编排方式

执教教师简介

【课例导读】(1)介绍课文，包括版本和年级；(2)介绍这类课文的教学现状，指出这类课文在教学中容易出现的问题；(3)指明通过课例学习，要解决什么问题。

【热身活动】相当于预习作业。引导读者联系自己的教学实践,进入后续的学习。

【教学实录/实施过程】用小标题梳理教学环节。正文中的重要部分,尤其是随后将要讨论的点,用专色凸显出来。执行主编相当于这堂课的观察员;解说这堂课的教学目标和教学内容;解释教学环节的意图和效果;指出教师指导的关键处和学生重要的回答;用方框和云图提示教师看明白这堂课的紧要处。云图,提醒听课教师的注意点。方框,是"要点提炼"。

【反思】反思是自己经验的打开。反思内容包括两部分:对照课例,对如何确定教学目标和教学内容的反思;对应该如何听评课的反思。

【要点评议】执行主编对这堂课的评议。指明这堂课所阐发的道理,这些道理教师在课例中未必能看出来。

【问题研讨】落到这一类教学上,重点是教学目标的确定,教学内容的选择和教学环节的组织。

【资源链接】按照学习的主题,提供进一步研究的资源目录。

【后续学习活动】结合课例学习,联系教学实践,用"任务1—任务2—任务3"的形式,列出需要完成的作业,并提供支架和相关资料。

"参与式语文教师培训资源"丛书,得到各方面的支持,在此一并表示感谢。

感谢上海师范大学领导和教育学院领导的支持。上海师范大学实施"国培计划"示范性集中培训项目,丛玉豪副校长任项目负责人,部门负责人是教育学院陈永明院长、夏惠贤院长、徐雄伟副院长。因为培训经费全部用于教学,才能使我们的培训保持较高水准。

感谢历年应允承担上海师范大学"国培计划"的授课专家、教学专家,是专家的智慧和才华,创造了这些优质课程资源。

感谢参与上海师范大学"国培计划"培训的1500多名老师。正是你们在培训中取得的成效、你们的肯定和鼓励,使我们看到了自己工作的价值,从而有信心编撰这套语文教师培训资源丛书。

感谢华东师范大学出版社。丛书启动伊始,王焰社长、高教分社翁春敏社长等领导就对这套丛书寄予厚望,积极筹划申报"'十二五'上海市重点图书"。吴海红编辑数次全程参与编委会的编写会议,对丛书的内容和版式提供了很好的建议。

感谢我们的团队。"上海师范大学语文课程研究基地",不仅是一所学校的一个研究机构,它聚集着一批有追求、有担当的志同道合的校内外同仁,其中有一群视语文课程与教学研究为安身立命的博士们。正是这一股生机勃勃的力量,使我们有资本去成就响当当的事业。

王荣生

2014年8月2日

目 录

主题学习工作坊 / 1

- 写作教学的检讨与前瞻 / 3
- 写作教学的新进展 / 21
- 交际语境写作 / 41
- 功能性写作学习 / 60
- 微型写作课程设计原理 / 85
- 基于量表的写作教学 / 111

课例研究工作坊 / 127

- 小学课例：作文里的时间 / 129
- 小学课例：描写的奥秘 / 142
- 初中课例：基于学情的叙事写作 / 155
- 初中课例：基于真实交流的写作 / 170
- 高中课例：把问题想深刻 / 183
- 高中课例：用事实证明观点 / 200

主题学习工作坊

写作教学的检讨与前瞻

专家简介

王荣生,文学硕士、教育学博士。研究方向:语文课程与教学论,语文教师专业发展。现为上海师范大学教育学院教授、博士生导师,上海师范大学语文课程研究基地负责人。著有《语文科课程论基础》(教育科学出版社)、《语文课程内容与教学内容》(教育科学出版社)、《语文教学内容重构》(上海教育出版社)、《听王荣生教授评课》(华东师范大学出版社)、《求索与创生:语文教育理论实践的汇流》(山东教育出版社)、《阅读教学设计的要诀》(中国轻工业出版社)等。

热身活动

在学习本专题前,请您先思考如下几个问题:

1. 在日常写作教学中,你经常采用以下哪一种教学方式?(　　　)

   A. 给学生布置一道作文题目让学生写作

   B. 给学生提供范文让学生学习模仿

   C. 向学生讲解写作技法并通过训练强化巩固

   D. 研究学生写作中的问题并提供针对性指导

2. 在你的写作教学中,你最重视的学习内容是(　　　)

   A. 审题立意　　　B. 积累素材　　　C. 读写结合　　　D. 语言表达

3. 你同意以下几种说法吗?

  A. 小学生写作学习应该侧重语言训练,因此必须积累一些好词好句

  B. 中学生应当着重学习散文写作,不提倡学习写作小说、诗歌等文体

  C. 写前指导比写后讲评更加重要

学习目标

通过本专题的学习,您应该能够做到:

1. 梳理我国写作教学中存在的主要问题及可能的改进方向。
2. 指导学生开展一项任务写作或创意写作之类的写作学习活动。
3. 分析学生写作过程中出现的问题并据此设计一个指导方案。

讲座正文

  我报告的题目是"写作教学的检讨与前瞻"。所谓"检讨",主要是回顾并讨论以往写作教学的主要问题。这些问题其实主要不是教学的问题,而是课程的问题。所谓"前瞻",就是看看写作教学的主要发展方向。

一、检讨

对中小学写作教学的检讨可以分两个方面进行。

检讨一:中小学语文课几乎没有写作教学

  大家从课时量可以看出来,目前语文课绝大部分课时实际上花在阅读教学上,写作课课时是很少的。有些学校一个学期作文只写两篇:一篇是期中考试,一篇是期末考试。那是极端的例子。大部分情况下写作文是有的,六篇、八篇,有的老师也非常用心,鼓励学生写随笔、写日记等等,但是所用的课时很少。按照合理的配置,写作课时至少每个星期有两个课时,也就是说至少占语文总课时的一半或三分之一。但是,语文老师为什么不教写作呢?这是有道理的。按道理讲老师应该很重视写作,因为在应试这样一个大环境下面,写作是占分值最大的一道题,老师很重视,学生也很重视。那么为什么不教呢?一个直接的理由是:以往的写作教学基本上没有用。老师在长期的教学过程中,感觉到教写作或不教写作效果其实差不多,学生在长期的实践中感觉

到学写作或不学写作差不多。所以很多老师、很多研究专家就说，凡是作文好的同学都不是老师教出来的，那就意味着写好作文和老师的教没有必然的关系。

为什么我们中小学几乎没有写作教学呢？其实，在写作之前这一段是有一些教学的，写作之前的审题教学是有的，写作之后的讲评教学也是有的。有些老师非常用心，对学生的作文作了仔细的批改和分类，做了很多PPT，也有很多讲评。但是，这依然不是真正的写作教学。因为，在学生开始着手思考，到他的作文最终完成，写作中间的这一大块，教师其实并没有指导。目前我们看到的一些课例，基本上局限在想象、构思、描写以及激发情感这几块。所以我说中小学语文教学几乎没有写作教学，指的是从学生思考他的写作开始，到他开始写作，到他的作文完成，这一阶段几乎没有指导。

> 写作教学的三大套路：
> 1. 题目＋范文
> 2. 情境＋活动
> 3. 教写作技法

我们现在的写作教学路子基本有三种。第一种，给个题目，加一篇范文。一看别人把这个题目写得这么好，你们写吧！这是一套路子。第二种是创设情景，组织一次玩的比赛让大家活动一番，活动一番之后，现在该有内容写了吧！那么大家开始写吧。第三种是讲一下章法，以小见大、开门见山等几种办法，知道了这些知识，现在你明白了吧，你去写吧！这几种情况基本上都是写作之前的活动，至于正式开始写作的那个过程，以及学生写作过程中碰到的问题和困难，老师几乎没有帮助他去解决。有些教师尝试教一些东西，但是没有用。因为所教的基本上是一种应试化的造文法。就是说，写作要么不教，一教就变成应试化的写作教学。

【要点评议】
三种写作教学样式存在着一个共同的问题：缺乏过程指导。

检讨二：写作教学的主要症结

前面说过我国没有真正意义上的写作教学，但实际上我们还是在进行某种形式的"写作教学"的。

那么，我们的写作教学总体上是什么样子呢？

基本上都是这样一个路子：先看优秀作文，你看优秀作文是这样的，于是或者让学生模仿，或者老师在优秀作文中抽出一些静态的要素让学生练习，比如说要体现文化素养，就应该大量引用，似乎这就是优秀作文的要素，于是很多老师教学生积累好词、好句，从小学开始就不断地抄写，不断积累好词好句、名言名句。其目的就是以后在写作中可以把自己积累的名言名句套上去。

【观察者点评】要学生积累"好词好句"对于写作学习究竟意味着什么呢？

我给大家讲一个极端的例子。

有一次我跟老师讨论的时候说：事先背好多东西，最后用一个题目套上去，这种写法本身就不妥当，生活中从来没有这样写作文的。但我们的语文老师却经常这样教学生。

既然你这样愿意引用，那我干脆做得彻底些。与其只走五十步，还不如一下走到一百步。我说你这一招还太曲折，我教你一招。作文怎么开头呢？你就引用"爱因斯坦"，然后冒号、引号。说什么内容呢？管他说什么！题目是什么就让爱因斯坦说什么。没人知道爱因斯坦是否说过什么，批卷的老师也不知道爱因斯坦究竟说过些什么！如果作文写不下去，好简单，再引用：海明威也说过……管他说什么了呢！到结尾咱们再来一段引用。好多老师说，这怎么可以呀？其实，这种办法不是和许多语文老师经常强调的积累好词好句是一回事吗？无非是你引用名言名句是羞羞答答引用的，我引用却是直截了当的。这就是所谓的"俗招"，是作文的歪门邪道。如果在一次作文考试中全体学生都来"引用"，大家都知道后果是什么，那就是全体都没有好分数。高考就出现过这种情况，前几年少数人引用，分数很高；到后来大家都引用，分数就很低；然后老师再不断创造一些出其不意的新招。如此循环往复，这就是我们的作文教学！

【观察者点评】你是否也经常这样要求学生？

在作文教学研究当中还有一个重要问题，就是要写"真情实感"。

大家知道学生作文普遍缺乏"真情实感"。我们也知道，没有学生愿意说假话，也没有老师愿意让学生说假话。但事实上学生作文都在说假话，每逢中考、高考，学生考试一出来总有记者问，你写的是真话吗？学生心想：这个问题问得好蠢啊！写作文怎么可以写真话呢？有一年上海市的中考题目叫"挫折"。其实我们小孩子没有那么多挫折，但他们知道写作文要博得批卷老师的同情和关照。所以那一年作文之后，突然发现上海市多了好多单亲家庭，因为学生不是要让爸爸死掉，就是让妈妈死掉。这里我给大家讲一篇作文。

> 今天是开学的典礼。学校要请一名著名的科学家作报告，所以我们好期待这堂报告。这一天早上起来，骑着自行车，交通有点堵，我心里很急，所以就骑得很快，骑到一个交叉路口，黄灯在闪，我没有停下来，一下就冲过去，不巧碰到一个老人。虽然我有一点抱歉，但是我一想这个开学典礼要去，所以我就没有停下来，就直接往学校赶。到了学校开学典礼的现场，一看大家都坐着，作报告的专家还没来。所以我悄悄地进去找了个座位……

接下来这个作文大家会写了吗？一定是这样的：

> 过了一会儿有一个老人一瘸一瘸地进来，我一看这就是我撞的那个老人。那这个老人讲的是什么题目？开学典礼讲的什么题目，现在老师们能猜到吧？也能猜到。

【观察者点评】不是说"文似看山不喜平"吗？不是说"开掘要深、立意要新"吗？为什么王荣生老师将"写出波澜"、"写闪光点"作为写作教学的弊端看待？

我们好多作文都是这个样子。老师希望学生写真情实感，但学生的作文当中很难能写出他的真情实感。这是什么缘故？我们作文到底怎么了？而且这个问题已经存在100年了，所以我们必须去正视，这里面一定有不得不如此的隐秘的原因。你看，假如有一个学生的作文是这样：早上起床急急忙忙，刷牙、洗脸、整理书包，然后出门上学。然后我走到了学校。大家猜猜，老师会给这篇作文几分啊？一定是不及格，批语是流水账。有些老师就会要求学生重写。学生一看老师评语就明白了，原来我从家里到学校是不能顺顺利利到的，顺顺利利就拿不到好分数。所以他就明白了，他第二次写作文，就写早上急急忙忙刷牙、洗脸、整理书包，然后上学，路上一定要出点事情……那就是写事要有波澜。然后呢？写文章还不能只写表面现象，要挖掘主题，要写出人物的亮点和闪光点。所以这个学生就没办法了，因为闪光点其实好难写。有一次写作文，学生说他是住校学生，夜深人静时,整个校园都静悄悄的,我在校园里散步,看到一幢楼,第几层是我们老师的房子,还亮着灯,老师正辛勤地伏案批改我们的作文。学生认为这就是亮点。后来我问这个学生:半夜三更你不睡觉你在校园里瞎是什么?你的眼睛是怎么看到老师在批改作业的?你的眼睛是会绕弯的,对不对?不然,你从楼下往上看,怎么能够看到窗户里老师在伏案工作?你怎么知道老师在批改作业啊?

我们的作文大体上就是这样子。原因何在?我们现在知道主要是体式问题。

【要点评议】
将百年来的写作问题归结为"散文写作",这是深刻的洞见。

大家知道,我们从小学到中学,写的作文其实叫散文,或者我加一个字叫"小散文",或者叫不登大雅之堂的散文,不能登上文学殿堂的小散文。你看,小学是写记叙文,中学加一点所谓的说明文,好像好多学生都写过"我是一盏日光灯",好多学生都写过"别看我的铅笔盒小小的,内容可丰富了"。到了高中,开始写所谓哲理性的议论文,它的体式是新概念作文。大家知道新概念作文有一个很经典的命题。现场作文,学生都在这边坐着,一个主考官进来拿了一个苹果,然后当众咬了一口,放在桌子上。同学们写吧!这就是命题。由这个苹果产生联想,生发哲理。

我们已经明白了现当代散文的核心是独抒心意,散文是没有章法的。散文是散在骨子里的,这叫"随物赋形",散文没有结构的规则。南帆教授是散文作家,也是散文研究专家。用他的话来说,一讲规则,散文就死了。散文有两个特点,第一个特点是作者在日常生活中独特的感受,独特的感悟。散文的第二特点,是形式上的创新,包括语言表达的创新。散文无形,这就是散文的特点。散文从内容上是独特的,在形式上是创新的,这个东西是很难教的。散文只能触发,只能培育,只能去触发、培育学生的写作热情。

现在我们的阅读教学,大部分是散文,尤其是初中,现在散文好像占总数的百分之八十几。如果加上文言文,那就更多。因为文言文都是散文。我们

【要点提炼】散文文体有两大特征:

1. 内容上:独特的感悟;

2. 形式上:独特的表达。

因此不具可教性。

现在教散文很奇怪，教文言文的时候，用的是一套现代的办法。 我看高中老师教《劝学》《师说》《石钟山记》，用的都是现代的办法，大讲论点、分论点、事实论据、道理论据、对比论证、比喻论证。但我们古代人写文章不知道这个东西的，这个东西是20世纪20年代我们从国外引进来的。古代人写文章要用章法，讲文脉，讲文气。现在我们老师把我们文学、文化传承下来的文言文经典作品统统降格为优秀作文了。老师上课其实这么说的。你看荀子同学这篇文章写得不错，他的比喻论证用得很好，同学们学一学。你看韩愈同学这篇文章写得也不错，用的对比论证，同学们学一学。苏轼同学这篇文章写得也不错，他用的一个是事实考证，一个是举例论证。讲古代散文用的是现代的一套思维、现代的术语，这是没办法讲清楚的。另一方面，很奇怪的是，**现代写作教学教的最多的却是用古代的一套章法：开门见山，以小见大，首尾呼应，铺垫照应。**这个古代人写古文时用的一套章法。现代人写文章从来不用这个办法，真正的散文家写散文也从来不用这个办法，但是在中学写作课堂上这些东西却大行其道。

> 【观察者点评】这种奇怪的错位你注意到了吗？

大家知道教学一定要有教的东西，教学一定是学习规范的。这就产生了冲突。我们国家的中小学写作教学大体上教的是散文，但散文从本质上说是不可教的。我曾经写过一篇文章，我说为什么中国的中小学生要学12年的散文，要写12年的散文，到底是为什么？据我所知还没有人问过这个问题，也没有人对这个问题给过答案。我们的作文教学一谈就是真情实感，这跟散文的体式有关系。因为离开了真情实感，散文就死掉了。散文本身就是抒发自己独特的生活感悟，真情实感是它的生命。而我们的老师只能用形式的、规范的办法去教，学生写出来势必要违反真实感，这导致了我们刚才讲的要有波澜，要有开掘，要以小见大，要有比照，要有这种僵硬的章法。

我把整个写作教学问题描述为以下两个问题。

第一，课堂教学中几乎没有写作教学。教材里是有写作教学设计方案的，比如说我们高中教材，前面是阅读欣赏，后面是表达与交流，主要是写作任务，但据我所知老师们基本上不用。为什么不用呢？道理很简单，教了没用。如果它那个东西很有用，老师就会用。

【要点评议】

  为何我们的语文课几乎没有写作教学?原因很多,但最为关键的可能与写作课程有关。王荣生老师让我们认识到:在语文教学中长时期、大规模出现的问题,一定与语文课程研制、与语文课程标准研制有直接的关系。我国写作课程一直以散文的写作作为课程内容。正如刘锡庆所言,我国中小学生的"作文""实际上是'散文'的习作","其特点及写作要求大略与'散文'相同,只是由于它'文学性'不足,一般较难跨入文学文体中'散文'的殿堂"。因此,我国作文教学的种种难题,很可能是由于文章体式的错误选择而造成的。

  目前已知"文学性的散文"具有不可教性,人们大力提倡的写"真情实感"也基于散文写作这一课程内容。但是,不断让学生写文学性的散文,学生们能表达自己的真情实感吗?最终的结果就是出现众多的应试性的"小文人语篇"。那么,可能的解决方案是什么呢?

  在"文学性的散文"之外,我们是不是应该另外找寻其他文章体式呢?

  如果写作教学不再教"散文"写作,应该教学生写作什么样的文体呢?

  请在下面的横线上写出三个你认为值得让学生学习的文体。

_____

  第二,老师还是要教写作的,尤其是在复习阶段,但是一教就是教章法,就是教应试技法,就是教所谓的"俗招",而且这个俗招的来源很奇怪。所以如果在座的老师要敢突破的话,其他老师走五十步,你走一百步试试看,你会比他们好。但是,当我们走到一百步,你一看,其实都是违反写作基本准则的。

二、写作课程的进展

写作课程和教学研究的进展可以从三个方面介绍。

(一)理论研究

  理论研究当然包括一线教师和优秀教师的探索,但是主流不是这个。我们现在的理论研究主体,主要是语文课程与教学论方向的一些博士,目前我们已经积累了六七篇博士论文。目前我们写作研究说清楚了其中的百分之五十左右的问题。

  到目前为止,我们对于写作能够说清楚是两句关键的话。

这些博士论文分别是：

1. 何更生：《知识分类学习论和教学论在作文教学中的应用研究》，华东师范大学，2001 年。
2. 周泓：《小学生写作能力研究》，西南大学，2002 年。
3. 叶黎明：《语文科写作教学内容研究》，上海师范大学，2007 年。
4. 魏小娜：《语文科真实写作教学研究》，西南大学，2009 年。
5. 刘光成：《百年中学作文命题研究》，湖南师范大学，2010 年。
6. 荣维东：《写作课程范式研究》，华东师范大学，2010 年。
7. 周子房：《写作学习环境的建构》，华东师范大学，2012 年。
8. 邓彤：《微型化写作课程研究》，上海师范大学，2014 年。

第一句话：写作是特定语境中的书面表达。

第二句话：写作活动是在特定语境中构造语篇。

我们已经知道了写作的过程及步骤是一个非线性的过程，从构思到起草，再到修改、修订、发表，这是一个循环往复的过程。过去我们教写作，先构思，想好以后落笔，几十分钟里面写出来，然后做一点修改，这样的写作行为方式是违背写作实践的。去年上海市写作学会开会的时候，我把我一个稿子的前后六个版本给老师们看，我第一个版本是什么样子，第二个版本什么样子，目的是让大家感受写作就是不断修改的过程。

【观察者点评】这两句话至关重要哦！

【要点评议】

用"语境"、"语篇"这两个核心概念来理解写作至关重要。强调"语境"意味着对写作目的、写作对象等要素的重视，强调"语篇"意味着文章制作不再像从前那样被看作写作的唯一任务。

（二）课例研究

课例能够给我们一些重要的启示。我给大家讲一个很简单的课例。

这是李白坚老师的一堂课，这堂课看起来和别人差不多。李白坚老师在课桌和讲台上拉了一根橡皮筋,相当于设置了一个情境,李老师要跨过这个橡皮筋,让学生进行观察写作。这个情境设计好像很多老师也会做,没什么稀奇。但是李白坚老师不一样的地方在哪里呢?他准备好,准备跨,但是他做的那个跨过橡皮筋的动作是慢动作。先准备,然后一个脚起来,然后跨过来,有动作,有表情。然后再跨过来,然后再落下来,他用了慢动作。这个情境设计表明了老师对写作教学的认识。

> 写出描写的两大诀窍:
> 1.
> 2.

过去我们写作文,尤其是一写记叙文,写散文,老师就讲要生动,而一讲要生动,就强调要学习好词好句。但我们根据现在的研究已经知道,生动不是言辞方面的问题。生动的核心是具体,只有写具体才能写生动。而描写,实际上是两件事情。一件事情,是把瞬间发生的事展开来;另一件事情是把综合性的事情分解开来。描写的核心是这个。今天我在给大家讲课,我现在所做的每一个动作都是综合的。你要写我讲课时候的情形,你就必须把我综合的东西分解开来。手如何,眼睛如何,身体如何。你要展开这段描写,你就要把瞬间的时间拉长,所以写生动的核心是写具体,写具体的核心是上述两个方面。现在我们来看,学生写不具体、写不生动是什么原因?不是他们缺少所谓的好词好句,而是他们缺乏把瞬间的东西拉开来的才能,他们缺乏把综合的东西分解开来的才能。也就是说,你不把事物分解开来教是教不会描写的。很多老师要求同学们要仔细观察,这是做不到的,因为学生不知道观察什么。

> 【要点评议】
> 以往的写作教学很多知识都教错了。

很多老师写作文的时候要学生运用多种感官,这当然是对的,但是光提要求没有用,你要有具体内容。有一个老师让学生写一个橡皮,橡皮有什么好写的?但是这个老师讲,同学们把橡皮闻一闻,把橡皮在纸上擦一擦,在桌子上擦一擦,在地下、在水泥地上擦一擦。再把这个橡皮扔一扔,在地上扔一扔,在墙上扔一扔,把这个橡皮在太阳下照一照,现在好写了吧。同学们都说现在好写了。换句话说,要学生学会描写,不是教学生仔细观察,而是要教给他分解的方法。而分解的方法是要学生去感受的。所以李白坚老师上课的时候,就用慢动作。因为从叙述的角度来看,描写就是把很短的时间用很长的篇幅来叙述,慢动作就是把动作放慢拉长来展示。

我们从一线教师课例当中,也能看到一些写作的原理。现在我们正在收集这些东西,我们希望不断从这些课例中看到一些原理。好的老师为什么教得好呢,他一定有道理;其他老师教了没用,为什么没用,一定有原因,一定是教的东西不对。是不是这样呢?

据我所知,以上实践探索的成果已经有不少了。比如说山东邹平县,在教研员的带领下,积数年之功,编制出版了统一使用的写作教材《随笔化作文导学》,全县初中每周制度化地实施两节作文指导课(而不是简单地提供两节课时间让学生写作文),有些还以写作教学创出了学校的品牌。江苏省常州的郭家海老师利用量表作为指导写作的工具,香港大学的谢锡金教授、岑绍基教授,香港中文大学的何万贯教授等,在利用量表指导写作上均有研究和实践。

(三)国外的借鉴

我再给大家看一些材料。

这是美国小学生写的作文:"我心目中的美国"、"我怎样看人类文化"、"任选一个州,介绍这个州的风土人情"、"美国的昨天和今天"、"你认为谁对二次世界大战负有责任"、"你的未来职业是什么",这是小学生的题目。小学二年级学生,一写作文就是写论文。当然是小孩子式的论文,他要做研究,他进行研究性写作。八岁的小孩,到图书馆借了很多书,当然很多是图画书。这个小朋友,写的是蓝鲸,他的整个论文由三页构成,第一页封面、标题、蓝鲸,下面他自己还画了画。然后正文四个部分:第一部分先概要介绍,第二部分是蓝鲸吃什么,第三部分是蓝鲸怎么吃,第四部分是蓝鲸的非凡之处。下面还有参考文献。人家小学生二年级在写这个。

【要点提炼】例子告诉我们:任务驱动是有效的写作学习途径。

几年前我把这个材料介绍到国内之后,深圳市南山实验学校有个老师很感兴趣,后来他不断地领着学生去做研究性写作,也做得很好。他们学生展示的时候我去听了。有一个学生很有意思,他有个题目是,鸡为什么不会游泳?他查了很多书,很多书都说鸡之所以不会游泳是因为鸡的爪子同鸭和鹅不一样,鹅与鸭的爪子是连起来的,中间有一个蹼。这个孩子对这个结论有怀疑。他的家长很支持,帮他买了一只鸡。然后他和妈妈一起到池塘边上,怕那只鸡淹死,在鸡腿上绑了一根绳,然后把鸡扔到水里。扔到水里后小朋友发现,开始的时候鸡会扑腾,会挣扎,也会游几下的,所以说鸡不是不会游泳,开始是会游几下的,后来才慢慢沉下去了。他把鸡捞上来,发现原来鸡的羽毛同鸭和鹅的羽毛不一样,鸭和鹅的羽毛是防水的,鸡的羽毛是不防水的。我们说的落汤鸡指的就是这个,它的毛全都湿了,很重很重,导致身体扛不住了,就沉下去了。他于是写了这篇作文。很好的文章啊!原来我们以为中国学生不会写,其实中国的学生要么不做,做起来并不比国外差。

三、写作课程的重建

我个人判断,写作教学的突破近在咫尺,不是在今年就是在明年。我们的说法叫"写作课程的重建"。我刚才讲了,我们中小学写作教学是几乎没有写作课程的,所以我们称之为写作课程与教学的重建。这个重建包括课程内容,也包括教学、课堂教学的样态。

写作课程与教学的重建有两大关键:**一是建立合适的写作类型,二是基于学生的写作学情。**

(一)写作课程的三大类型

写作课程必须研究写作的体式以及语境要素,就一定要突破写作仅仅是写小散文这种格局。一百年来的历史告诉我们,这种格局不突破,写作教学就没有办法改善。现在很多老师都在做探索,这当然很好,但如果仅仅探索散文的写作、随笔的写作,效果还是有限的。一百年来,我们写作都在教散文写作,如果一百年时间都没有解决这件事情,说明这个事情是无法解决的。必须改换解决的思路,必须改换解决的方式。因为我们知道,一百年来研究语文课程与教学的专家远远比我们要聪明,远远要比我们有学问。早年研究语文课程与教学的是什么人?胡适、梁启超、林琴南、夏丏尊、叶圣陶、朱自清等等,哪个不比我们聪明?哪个不比我们有学问?他们解决不了的问题,说明这个问题本身可能有问题。一百年里有多少优秀的教师,这些优秀的教师在20世纪50年代之前,他们的学问远远比我们要好,他们对事业的追求也比我们执著。他们解决不了的问题,说明这个问题本身有问题。所以必须从体式上去突破。那么,写作课程应该如何突破重建呢?

根据我们的初步构架,写作课程的写作类型可能有如下三大类。

第一类:任务写作。

这个国外也有的,但是国外的分类,比我们要复杂,我们缺乏这样的传统。对语文老师来说,我们不能搞得

> 请写出"任务写作"的三个要素:
> 1.
> 2.
> 3.

太复杂。任务写作就是有一个比较明确的写作对象,有一个比较明确的写作目的,有一些比较有规范的写作样式。比如在今天,我们在谈论写作问题,我请老师写一篇文章发表你的看法,这就是任务写作。你的话题是关于写作,你的写作语境是来参加一个研讨会,你的写作目的是要发表自己的见解,你的写作的对象是我们参加会议的这些专家教师。在这样一些情景的大致制约下,你来写一篇东西,这篇东西显然和你去跟一帮学生去谈怎么来写作,完全不一样。

这方面香港做过一些案例。比如说写投诉信。你买的东西不合适,你到商店里去退,服务员态度不好,不让你退,你打算写一份投诉信给他们的上司,给他们的监管部门。写投诉信显然不能像现场的时候那样去争去吵,你要有礼有节,你要把事情讲清楚:你买的是什么东西,你为什么要退,你要向人表明你的要求是合理的。

再假如有这样一场选举演讲,不同的人来听你的介绍,根据你的介绍他们将决定是否投你一票。你要说自己为什么要参加选举,那就不一定是讲道理,不一定是平铺直叙地讲你的事迹了。你要得到别人的支持,就必须激发听众的情感,使他们愿意投你的票,这种写作就是任务写作。任务写作可能是写作教学的主流类型之一。

【要点提炼】任务写作特征:有具体的写作对象,有明确的写作目的。

刚才我给大家看的美国小学生写的那些题目,英、法、德等国的大学入学考试题目,基本上都是一种任务写作。

第二类:创意写作,其实就是文学创作。

我们过去写散文的时候,总感觉很虚假,因为那是用创作的办法来写一个不适当的东西。创作的办法其实就是想象。诗歌、小说、剧本这些写作很重要,小学生要写点童话,写点寓言,写点故事,写点诗歌。中学生可能要写点小说,写短篇小说等等。这不是要培养作家,作家是培养不出来的。但是创意写作有两个好处,第一个好处是培养想象力培养情感,第二个是培养对语言的敏感。浙江大学金建人教授曾经从写作的角度来谈散文,他谈的核心词是语言、思维、文体三位一体,也就是说,我们讲语言,其实讲的就是思维,这里的思维就是写作思维,而写作思维就是文体思维。诗歌思维、小说思维和散

写作创意写作的两大作用:
1.
2.

主题学习工作坊

文思维是完全不同的思维。所以，文学创意写作，反过来可以促进学生加深对文学作品的理解。小说家和小说批评家沃尔夫曾经说过一段话：要学会读小说，最好的办法就是学习写小说。只有你自己写过以后你才能明白。最近我看了《中华读书报》一篇文章，说的是那个多才多艺的李安导演，他觉得沈从文和汪曾祺的作品实在太好，好到什么程度？好到他拍电影的时候都不知道找谁来演这个角色，他说简直不知道人家的笔触是怎么把这个东西写出来的。我们看到一个东西，作家也看到了这个东西，但是我们不能写出来，即使勉强写出来了，和作家写出来的还是差距很远，这就是语言的功力。写作必须建立在对语言敏锐感觉的基础上，而诗歌的创作，小说的写作，包括好的散文的写作，都能够培养对语言的敏感。每一个作家都是在用最精准的语言，表达他最细腻的情感。比如《散步》这篇散文中的第一句："我们一家去散步：我、我母亲，我的妻子和儿子。"这句话里面是有意味的，这个句子之间逗号、断点之间是不能动的，动了以后就不能表达出要表达的意思。而我们的学生，包括我们的老师，对语言的敏锐感觉已经没有了。而创意写作有助于培养语言感觉。

创意写作其实是便于教学的。诗歌是有层次的，小说是有规范的，戏剧也是有层次的，凡是有层次有规范的东西，老师都可以教，当然我们教不出小说家，教不出诗人，教不出戏剧家，但我们可以教学生能够写出像样的一个小说、诗歌和剧本。有一套书，是中国人民大学出版社的，总标题是"开始写吧"，其中就有创意小说的写作。小说的核心是冲突，找到冲突以后怎么展开，是有规范的。这些规范性的东西，国外已经全部提炼出来了。而这些都是可教的。

【观察者点评】前面提到"写散文"导致中学写作无教学，这里又将散文写作当作写作教学内容之一。你想过其中原因吗？

第三类：随笔写作。

随笔也叫散文，这是我们传统写作的部分。我个人认为随笔写作和散文写作只能作为写作教学的辅助部分。我刚才讲了，这不能直接教，但是可以触发，可以激发，可以用种种方法去激发学生写作的热情，写作的激情，写作的潜能，可以通过学生之间的相互影响。因为散文是最中国化的，这是我们中国的特色。很多研究文学的人，包括南帆教授，他们都认为散文是最高级的，散文无所傍依，它是作者独特的人生感悟。这种人生的感悟，必须用精准的语言才能体现传达出来。现代散文，更倾向于不用那种迂回曲折的传达方式，这是当代散文语言的变化。南帆先生曾经分析了一个句子，朱自清那个句子"正如一粒粒的明珠，又如碧天里的星星，又如刚出浴的美人"，在现代散文家眼里这个句子写得是很笨的。因为用比喻就是迂回曲折,因为从正面写你写不清楚,说明你笔力还不够。所以现当代的散文作家,他们追求的是直接去写那种细腻的、复杂的、曲折的情感和认识,这要有很高的才能,是很难的一件事。你把昨天的痛苦和今天的痛苦分开,你分得出来吗?把你这件事的高兴和那件事的高兴表达出来,你能表达吗?这是好难的一件事情。所以散文很重要,而且散文是继承中国文学传统的,大家知道古代文学正宗就是散文和诗歌,你讲古代文学就是讲散文。

> 【要点评议】
> 　　写作课程有三大路径:任务写作(或实用写作)、创意写作(文学写作)、随笔写作。三者之间当互相配合,构成完整的写作课程体系。

(二) 基于学情的写作课程

对教学来说,老师们很关心提升学生的写作能力,尤其是提升学生的应试能力,并且我们知道,越是应试越要研究学情,这是个规则。例如,学生作文写不长,什么原因?学生表达很生硬,什么原因?你要知道学生的写作状态、他的问题,只有通过分析学生的写作样本,你才能找到他的原因。你要去分析他,然后你才能组织相应的教学活动,使学生去克服这个困难。

> 【要点评议】
> 　　研究学生的写作困难,确定针对性的教学内容。这是写作课程的基本要义。

例如,初中老师发现学生的作文写不长,写了三四百字就很费力,有什么好办法呢?用头脑风暴式的那种自动化写作,这是教写作的一个策略。你不管意思连贯不连贯,不管句子表达通顺不通顺,你只要一口气写下来,这是写作训练的一种方法。对此,香港做过一个小试验,先让学生说,再让学生写。发现两个奇异的现象:写作才能较差的人,经常是说的内容多,写的内容少,很多说的时候有的意念,到写的时候就没有了。为什么呢?回避了,删除了。写作水平好的同学则不然,他说的内容和写的内容基本上差不多。因此,对于前一种学生一开始就要他不断写,不管他写得通不通,不管他写的是否扣题,每次写两千字,三千字,等他会写二千字,三千字了,你再跟他说,内容要集中，他才能学会，当他写不长的时候，你跟他说内容要集中，他没有办法写。

很多老师都问，写作教学要序列吗？有序列吗？这个说法是值得斟酌的。如果你强调的只是写作教学有个计划，那是可以的。有计划总比没计划好。但是你一定要寻找一个序列，甚至还要求是科学序列，那是有问题的。序列在哪里？序列不在你老师那里，序列在学生那里，写作序列在学生碰到的问题和困难那里。这一次我们班学生写作主要问题和困难有哪些，这些问题和困难的解决办法就是下一次上课的核心教学内容。所以序列只能在学生的写作行为中去找。

【反思】

你以往是如何理解写作课程的呢？你是否希望通过一个严谨周密的知识序列教会学生写作学习？但是，写作是否需要序列？是否存在一个固定的序列呢？

王荣生老师提出：写作课程应当基于学情，这是变革写作课程的极为重要的取向。序列在学生碰到的问题和困难中，序列只能在学生的写作行为中去找。

因此，当你开始批阅学生习作之前，请你务必默念下面几句话：

你不是简单地为学生的作文评判等级，你是通过批阅作文了解学生的学情，你应该从中发现学生的写作症结所在，你将据此确定一个有针对性的写作教学目标和教学内容展开你的写作教学指导。

很多学校在做写作教学的探索，在搞写作规划，写作序列，写作的科学序列，先想什么，后写什么，都是不合理的。我已经说过了，有序列比没序列要好，但是你这个序列只是一个筹划，是一个事先的布局，这个布局有没有用，你光讨论这个布局本身是没有办法的，你只要在实践中用过以后才发现，这个布局没有用或者这个布局有用。所以对语文老师来说，你提升学生的写作水平，就要找到一个点，这个点不是由你主观想象的，这需要分析学生的写作样本，分析他们的写作行为。为什么要批作文？不是要给学生打一个分，而是要通过学生的作文去分析他的长处是什么，他的短处是什么，你如何发扬其长处，你怎样克服其短处。

所以我们对老师有一个建议：写作教学就是研究学生的写作状态和写作样本，根据学生的写作状态和写作样本，确定最近一个阶段写作重心和要突破的目标，这样才能真正帮助学生。

相对于阅读而言,学生写作水平的分化程度更容易被老师觉察。在阅读教学中,学生对文本的理解是内隐的,是碎片化的,张三与李四对文本的理解教师是难以把握的,老师不能感觉到学生的差异性。至于写作,因为学生已经把他的写作结果呈现在你面前,阅读的结果是在头脑里面,写作的结果则是有迹象的。叶圣陶先生说,阅读是没有迹象的,但是写作有迹象。所以写作更容易让老师判断学生的不同,写作更需要老师根据不同的学生来选择内容方法。有些学生写作才能已经很好了,不需要你教了。你就可以去激发他,去鼓励他投稿,去鼓励他得奖,就完了。另外一部分同学,你分分类,这一类同学这一阶段主要做这个,那一类同学主要做那个。所以我们可能会提这样一个说法,叫**写作课程与教学的重建**,不是在原有基础上的修修补补。

写作这个领域,可能是一个要大改的领域,而大改的一个主要取向就是基于学情。

问题研讨

中国百年写作教学究竟存在哪些问题?中国写作教学究竟应该向何处去?

王荣生教授的报告为我们勾勒出大致的轮廓和基本走向。

理想的写作教学必须是基于学情的。写作教学不是基于写作理论,让学生掌握若干写作规则与术语并不能使学生形成写作素养;写作教学也不是基于一些名篇佳作,让学生阅读背诵若干范文,然后不断模仿,这同样不能有效提升写作水平。

首先,母语状态中的写作学习,学生不是从"无"到"有"的过程,而是从"少"到"多"、由"不尽完善"到"相对完善"的过程。因此,学生写作水平的不高,通常不是结构性的整体缺陷,而只是局部性的要素缺失或错误。教师只需对这些问题加以补充或改造,就可以较好地提升整体写作水平。

其次,学生的写作问题都直接显示在其所写文本中,作文就是学生思维外显的结果,最易于为教师掌握。因此,教师只需要分析学生习作就能够把握学生的写作实际水准和所存在的问题。

但是,写作教学经常忽略学生在写作中的关键问题,或者对这些问题虚应故事,只是笼而统之地列出学生写作中的问题并提出一些泛泛要求,例如,"描写不够具体","中心不够突出"。但是,"什么叫描写不具体?""为什么描写不具体?""如何才能描写具体?"这些一系列问题在写作教学中并没有得到确切的研究,因此,语文教师只有依照自己的经验与认识自行其是。

基于学情建设写作课程这一主张,为写作课程建设确定了合理的逻辑起点。

资源链接

1. 王荣生. 我国的语文课为什么几乎没有写作教学?[J]. 语文教学通讯,2007(12B).
2. 王荣生. 从文体角度看中小学作文教学[J]. 上海教育科研,2008(3).
3. 王鼎钧. 作文七巧[M]. 北京:国际文化出版公司,2007.
4. [美]雪莉·艾利斯著,刁克利,等,译. 开始写吧(创意写作系列)[M]. 北京:中国人民大学出版社,2011.

后续学习活动

参照上文王荣生教授的报告,请你布置学生写一篇作文。在批阅全班学生作文之后,请完成如下任务:

任务1:填写一份作文批阅表格。

项 目	命 名	样例及理由
在习作中确定一个最值得其他学生学习的"亮点"		
在习作中确定一个迫切需要学生改进的问题		

任务2:以上表中的"亮点"或"问题"为教学内容,设计一个简要的教学方案,目的是帮助学生掌握这一"亮点"或解决这一"问题"。

任务3:在课堂上实施这一教学方案,做好课堂记录。同时向自己提如下几个问题:

① 教师给学生提供了什么样的写作指导?

② 这些指导是否有效?从学生习作中看,学生掌握了你所推荐的"亮点"了吗?克服了你所指出的"问题"了吗?

③ 你的教学设计在哪些方面符合本讲座所介绍的内容?

写作教学的新进展

专家简介

郑桂华,博士,上海师范大学中文系教授、硕士生导师,上海二期课改高中语文教材副主编,初中语文教材特约撰稿人。

出版《个性化写作》、《个性化阅读》、《语文教学的反思与建构》、《高中语文教师专业能力必修》等多部著作。

热身活动

学习本专题之前,请您思考如下几个问题:
1. 你在日常写作教学中一般采用哪几类写作教学方式?
2. 你以往的写作教学目标是否明确具体?
3. 你的写作教学是否为学生提供了具体的指导?效果如何?

学习目标

通过本专题的学习,您应该能够:
1. 说出目前中学写作的基本类型以及写作教学的几种主要范式。
2. 说出写作作为实践活动的主要特征。

3. 能够辨析并阐释生活写作与教学写作、文学写作及实用写作之间的区别。
4. 能够说明阅读与写作、写作和思维之间的关系。

> 讲座正文

谈到写作教学研究新进展的时候,我实际上真的很想把这个"新"字去掉。因为,长期以来我们经常在重复很多年以前人们说过的话,由于我们还没有一个累进式的研究,因此,很多所谓的"新进展"其实并不那么新。只是面对不断递增的研究成果,我们有必要做一个起码的盘点工作。

目前作文教学研究有哪些比较重要的进展呢?我想,如下几个方面应该受到较多的关注。

一、写作的基本类型

写作教学究竟应该是 for writing(为了写作)还是 through writing(通过写作)?

【观察者点评】你想过这个问题吗?你区分过二者的区别吗?你认为这个问题重要吗?

如果我们的主张是 for writing,那么"写作教学"所指就应该是写作的概念事实、概念原理、方法、技能等内容的获得。如果我们的主张是 through writing,那实际上就是通过写作来进行一些研究性学习,通过写作来学习。但这两个问题我们现在应该说常常是糊在一起的。此外,还有很多很多对写作种类的区分。

我们可以来试着回答有什么类型的写作。要回答有什么类型的写作,我们首先来看这个类型的写作指向什么,它的特质在哪里,它所对应的教学重点在哪里。

比如南京师范大学附中的王栋生老师,就将写作类型分为"规定状态"的写作和"自由状态"的写作,他还将写作分为"理想的写作"和"为生存的写作"。他把高考这种应试的写作放在"为生存"的写作中;对于自由状态下表达自己个人思考的写作,他认为这是一种"为理想"的写作。

【观察者点评】这种情况你一定遇见过,思考过其中原因吗?

对写作的分类我觉得是一个很好的尝试,因为它从根本上把写作的两种情况、写作教学的两种情况做了一个区分。打个比方,很多老师尤其是教初三高三的老师,他们常常觉得自己的学生读了很多书,写了很多随笔,并且随笔写得也很好，应该说写作水平不低了，可是为什么在考场上的作文成绩却很一般呢？这该如何理解呢？其实，这个问题转换一下发问方式就变成：随笔写作和考场作文写作一样吗？我要说：很不一样！因为随笔写作以及日记、博客的写作在很大程度上是自发的写作，是更侧重于指向为抒发自己的写作，而不是为交流的写作。那么，课堂作文、考场作文是不是就一定不能抒发自己呢？当然不是的，但我们知道考场作文很关键的一个任务就是要换分数，是不是？无论你抒发什么，你一定要意识到读你这篇文章的阅卷老师的阅读感受，否则你就是心中没有阅卷老师，不顾及这样一个特殊读者的阅读需求，你写考场作文就可能会出问题。

比如有一些很有文采的孩子，在考场上把作文写得非常非常隐晦，他认为这是含蓄，这样做对不对呢？他知道含蓄在写作中是很高的境界，所以他要把作文写得很含蓄、很隐晦，但他偏偏就忘了老师阅读他的文章只有37秒时间。37秒这个数字我记得很牢，这是王栋生老师2006年前后发表在《南方周末》的一篇长文里面谈到的。他说江苏卷老师阅卷平均用时37秒，当然现在网上阅卷有一个时间的限制，情况可能会有所改变，但一般情况一个老师看一篇高考作文肯定是非常快的，他在这么短的时间内来读你这篇含蓄的文章，他自然无法很快理清你的思路，这样他怎么可能给你一个好分呢？

写出四类写作的名称：

所以，我觉得按"为交流的写作"和"自我抒发的写作"、"规定状态的写作"和"自由状态的写作"这样的标准来区分各类写作确实有好处，这样就让我们明白了不同类型的写作活动应当具有不同的训练重点和评价标准。

为交流的写作的训练重点就是你要表达出来的东西必须是让读者愿意看并且能够看。"愿意看"是态度，"能看懂"是能力。当你进入到为交流而写作的时候，你应该预先对读者对象做一下分析——需求的分析，你要做得很充分，要考虑到对象的阅读兴趣，还要考虑他的阅读能力。

前年我专门为国培班学员上了一节初一的课，课题就是读者意识的培养，我要让学生在写作时具备非常清晰的读者意识、对象意识。关于读者意识的培养，华东师大博士朱建军写过，上海师大胡根林博士也写过，林一平老师还专门写过一本书，就是讲写作中读者意识的培养。我觉得这是非常好的有深度的研究。

为抒发的写作其训练重点、评价重心又在哪里呢？那就要看他抒发了什么，他对生活的感受和反思是什么。如果他对生活的感受和反思没有价值、没有独特性,就不可能成为好的作品。

> 【要点评议】
> 　　长期以来我们写作教学忽略"为交流的写作"而偏重"为抒发的写作"。这是值得商榷的。"为抒发的写作"其能力主要依赖一个人的学养和积累,而这个能力往往不是语文教师能够独立做到的,因此,就不应该成为写作教学的主要内容。但是,奇怪的是,我们的写作教学偏偏喜欢在"为抒发的写作"上花大力气。我们做了许多吃力不讨好的事情。王荣生教授对此的阐释颇为详尽,他认为我国写作教学长期以来致力于让学生学习散文写作是不合适的,因为散文是一种以自我抒发为主的文章体式,先天具有不可教性。(具体请参阅本书第一章王荣生《写作教学的检讨与前瞻》一文)

二、写作是实践活动

对于写作活动,有两个很关键的表述,一个是"复杂",一个是"实践活动"。如果我们充分认识到写作活动具有"复杂性"和"实践性"这两个特点,那么我们在做写作教学研究或者在开展写作教学实践的时候,可能就不会各执一词,或者是走进某一个暗胡同中去。

写作的复杂性不用多说。比如刚刚说的写作目的不同则写作活动的差异就很大,写作状态不同则对写作成果的评价也会见仁见智。比如说思维和写作的关系,有人强调写作教学应该重视思维训练,当然,思维训练肯定是好的,但是思维训练就能够解决学生写作能力提高的所有问题吗?再比如说,多种能力如何综合?作为输入输出的不同环节,阅读和写作之间的关系如何处理?这些问题都相当复杂。

实践性这个特点可能是写作活动的一个非常根本的问题。写作学习活动具有实践性,是学习者自觉能动地在一定的语言运用规范的制约和指导下展开的现实的、感性的、具体的写作实践活动。

章熊先生曾说过,只有在活动中掌握写作的技能,才能形成写作的能力。

举一个例子。我的一个研究生现在已经是很优秀的教师了。有一次他跟我讨论,说费了很多劲,有些孩子写作能力也有提高,但是很多时候仍然觉得很无力,然后他掏出一个列了一串问题的小本子。说有一次上写作课,他教给学生作文的五种开头方法,结果作文收上来一看,完全没有他想要的开头。我就问他是怎么教的,他说,很简单,先找了课文里面的范例,比如《背影》的开头,"我与父亲不相见已二年余了,最不能忘记的是他的背影",开门见山式;《故乡》的开头,"我冒着严寒回到别了二十余年的故乡……",开门见山还有情景式……。我问他,你有没有用学生的习作呢?他说有啊,我从作文选上找了一些范例,让同学来判断,这是什么式那是什么式,这有什么好处,那有什么好处。我接着再问:你有没有用这个班同学的习作呢?他说没有,一是没有时间,二是我要让他们回去写,这时还没有学生的习作呢。

这样一个写作教学活动,我们究竟应该怎么看?如果我们用写作是一种实践活动这样一个基本理念来衡量的话,我们发现在这节写作课上学生所经历的究竟是一种什么样的实践活动呢?就是在读各种各样的开头,分析各种各样的开头,唯独没有做"写开头"的实践活动。所以当我们进入到写作教学研究中去的时候,必须有一个基本的判断标准——看教师是否为学生提供了写作实践活动。如果一堂写作课,教师用了很多"写"以外的活动,那么想通过这样的活动来较快获得写作能力恐怕是不现实的。这样的案例其实是太多了。

【反思】
你以往的写作教学是否为学生设计了必要的写作实践活动?你对课堂上的活动是如何理解的呢?你认为以下"活动"就是"写作学习活动"吗?教师让学生赛跑、跳绳、春游、秋游,然后让学生以此为内容着手写作;教师让学生研究范文习作,然后要求学生模仿范文开始写作。

关注写作实践性,可以使得写作课程与教学少走许多弯路。但是,我国写作课程忽略写作实践性的状况非常严重。我国写作教学中也有所谓的活动,但这些活动只是单纯的"活动"而非"写作活动"。写作学习活动的目的有其特殊性,写作学习活动主要不是为了探索、验证写作知识,而是为了获取写作经验,改善写作能力。因此,如果写作教学只关注活动本身,就违背了写作实践性特征。因此,写作的实践性特征要求写作教学不能单纯地介绍写作知识,而应该开展大量的"活动",这些活动又必须是基于"写作"的关于"写"的活动。

三、生活写作与教学写作

对写作教学,可谈的话题肯定很多,我最想谈的一点就是生活中的写作活动与课程中的写作活动究竟应该如何区分。好多老师都对写作课堂教学提出批评,比如说,写作课堂教学抹杀了学生的个性,老师的一些训练太僵硬、太机械,课堂里的写作活动离真实的写作活动太远,等等。如何看待这些批评?

我觉得回答这个问题应该是不难的。朱绍禹先生对此有详细论述,我不去展开了。张中行先生《作文杂谈》一书,对课堂作文的好处也都做了很多的论述,而且张先生的有些建议我觉得非常有意思。他首先认为课堂作文是不可少的,它有消极面但是更有积极价值,比如说可以进行高难度的练习,我觉得这就是很智慧的一种建议。而关于写作技巧的指导,梁启超先生其实老早就讲过了。

> 不能用日常写作的样式要求课堂写作教学。

我们可以有一个很清晰的结论:生活中的写作活动,可能更多的是个性化的,是非常自主的行为。一个人在论坛上发起话题,他只想用图片来表达心情,他不想用文字是完全可以的,这完全是个性化的。而在写作课程中的写作活动,也就是我们通常的写作教学,则是为写作活动设置一个特定的情境,或者说是在一个极端的环境下开展一个训练。所以,生活中的写作活动就不一定等同于课堂中的写作活动,课堂写作教学就不一定强行要求完全符合生活中的写作那种自然的流程。

为什么我要强调这一点呢?因为现在有不少的人经常会说写作课堂离生活太远,认为阅读教学和写作教学都违背了学生自然的一种阅读和写作状态。事实上,教学本身就是一个特殊的行为,是特殊环境下的特殊行为,有时候确实是跟日常生活中的写作不同。

四、文学写作与实用写作

接下来再讲写作教学的一种重要的区分:文学写作还是实用写作?

"实用写作"不是一个很规范的说法,只不过是跟"文学写作"相对的一个概念。王荣生教授虽然在他的《语文科课程论基础》里把中学写作统称作"小文人语篇",并细分为生动的记叙文,有闪光点的说明文,格式化的议论文等等,但总体而言,我们的中学生写作确实是趋向"文学性"的。但是,这个文学性是虚假的文学性,不是真正的文学性,讨厌就讨厌在这儿。

王栋生老师有过一段话讽刺高考作文,他说"屈原向我们走来"可以套所有的江苏卷,那是个很经典的讽刺。如果写"凤头、猪肚、豹尾"的文章,可以用"屈原向我们走来",帝高阳之苗裔兮,这是"凤头",最后纵身一跃跃入汨罗江,划出人生的

"豹尾"。如果写"我的路",屈原向我们走来,马上就可以关联上我的路……为什么会这样呢?是我们以为屈原这个形象很文学,还是我们以为"屈原向我们走来"这个情境很文学?实际上是因为我们的文学教育写作不是一个真正意义上的文学写作。

我们写作教学中的"文学写作"并不是真正的文学写作,这招致了骂声一片。但我们不妨看看美国、德国、法国,他们是怎样教文学写作的。那才是货真价实的文学作品写作。

不要小看我们正在教的那种很"煽情"的文学写作的影响力,那种煽情、滥情式的写作指导,好像没啥,实际上这个东西带来了一种后遗症就是情感的虚假。对此,孙绍振先生、钱理群先生呼吁得最多,连着几年呼吁下来,现在有所改变啊,大家有没有发现2012年17份高考试题全部是材料作文,大多数试题都非常明确倾向于考查学生的思辨性,这个就是导向啊。

【要点评议】
表面看来,我国写作教学重"文学"轻"实用"。但是,我们的写作课程中并没有诗歌、小说、戏剧的写作,也没有像样的实用文写作。我们所谓的"文学写作"并非真正意义上的文学写作,而基本上是一种"小文人语篇"(王荣生语),属于难登文学殿堂的"小散文"写作(刘锡庆语)。所以说,我国写作课程其实是两不靠的。

五、写作是否可以教

我们对语文教学的认识大致经历了这样一个过程:起初是认为语文不可教,后来渐渐意识到可以教,于是开始关注"怎么教",现在则聚焦于"教什么"。

二十几年前,我刚教书没多久,对于学生的语文成绩总是不容易提升感到很是焦虑。那时有一位老教师对我说了一个案例,有人做过一个研究,让新高三和新高一学生同考当年高考卷。这位老师问我,你猜猜差距是多少?我说总有3分左右差距吧?他说你再猜一猜,我就不敢猜了,难道两年学完3分都不差吗?实际情况是1分都不到。两年语

【观察者点评】你对此一定不陌生。原因何在?

文学下来,高三学生和高一学生水平几乎一样?我相信他说的是真的。难怪许多人要质疑:语文究竟是否可教?长期以来,研究者也罢,实践者也罢,很多人不是常常认为语文好的学生不是教出来的吗?

现在持这样观点的人不多了。大家认识到语文其实是可教的。

我今年做了6所学校的实验,有初中有高中。有的学校的实验我做了6年,今年秋天是第7年了,一直在做,一个月去一次,或者去两次。结果是老师们明显有改变,老师开始相信通过有效的教学,是能够提升学生语文修养的。十几年前,也就是20世纪80年代90年代,大家比较聚焦的研究话题是什么呢?"语文怎么教",是不是?因此,那时候语文教学模式这类东西很多。而现在大家所关注的是语文教学应该"教什么"的问题,这已经形成共识了。

那么,写作与写作教学是一种怎样的情况呢?写作既然也是可教的,那应该"教什么"给学生呢?

我们是不是要教学生去积累?是不是要去唤醒与激发学生?如果是这样,该积累些什么呢?我们不是常说学生写作缺少内容吗?那么,我们有没有对学生进行一些思维的训练或者表达技巧的训练?我们有没有帮助学生构建一个语言模型?例如,巢宗祺老师就主张构建学生的语言模型,让学生背很多名篇,背很多好的东西,读很多东西。此外,在写作目的方面,我们的写作教学又做了些什么?在写作兴趣上面,我们的写作教学又做了些什么?

六、阅读与写作的相关性

阅读对写作的促进作用有多少呢?多读多写的作用到底有多少呢?

章熊先生曾经翻译过一本书《提高写作技能》,书中对此颇多阐述。还有一篇流传甚广的文章是我的两个师弟荣维东、朱建军两位博士共同写的,这是他们对国外作文教学实验结果所做的一个综述。其中一个观点所产生的影响实在太深远了,好多人引用,就是"阅读比写作训练更有效",就是"多读"比"多写"对学生写作能力的提高更有效。其实,阅读和写作之间的关系实在太复杂了。这个实验的样本是多大呢?因为我们搞语文教育研究的人不太做实验研究,所以有一个很莫名其妙的数字崇拜心理,一看人家做了实验,一看人家有多少数字,什么对照组啊、实验组啊马上就肃然起敬。我个人觉得这些结论恐怕是有它的特殊性的。很关键的一点,就是西语体系和汉语言写作还是有根本区别的。所以国外西语体系写作的研究,对我们汉语写作当然会有启发,但肯定会有所不同。

比如有的老师打算研究"读写结合"这块东西，我觉得读写结合到现在也还是一笔糊涂账。读写结合到底是 for writing 还是 for reading？实际上二者中间的关系是很难理清的。比如说，有老师打算"读写结合"上《祝福》，一上来要学生写一个"祥林嫂小传"。老师是这样想的：写"祥林嫂小传"，学生的写作能力肯定能提高吧？或者至少对他的写作有锻炼吧？因为他进行了这个写作活动嘛。然后课上老师学生一起交流什么样的"祥林嫂小传"是写得好的。悟性好的认真的孩子当然也是会有启发的。但是，这个老师想通过这样一个写作活动来干什么呢？还是为了读《祝福》！这实际上就属于前面所说的"为了学习的写作"，是不是？所以读写结合要看它往哪个方向走。另外一种读写结合也就是通过读来指导学生的写。很早以前上海教育出版社出过一个小册子，专门讲这种读写结合的。博士论文也有的，朱建军做的就是这一块。

> 朱建军. 中学语文课程"读写结合"研究[D]. 华东师范大学, 2010.

"以读促写"的研究和实践，现在还有一个误区，就是所谓的语言模型的构建。这一观点认为：以读促写，其核心是帮助学生去构建语言模型。问题是语言模型的选择和语言模型的构建之间究竟是怎样一回事，现在人们还讲不清楚。比如，读了《故都的秋》，就要学生写一篇关于"秋"的文章，以为这就是读写结合了。但是，郁达夫《故都的秋》这种语言模型，学生能够驾驭得了吗？此外，语言模型是整篇的，还是一段的，还是某一两个句子呢？就拿第一段来说，有几个学生写得出呢？"秋天，无论什么地方的秋天，总是好的。可是北国的秋天啊，却来得特别的轻，特别的静，特别的悲凉。"哪个孩子写得出这样的话来？有一个小学三年级的孩子写作文，叫"我爱秋天"。他写的第一句话是，我可能生来就喜欢秋天。这句话有什么特别吗？不特别，但非常厉害。秋天一个自然的季节，和你这个人形成一种神秘的关联。人和自然有一种秘密的通道是多美好的事情啊。对不对？而且他还加了一个词"可能"，百种不确定，带一种哲学意味。当然这个三年级的孩子他不一定知道这一句话有这么多的意味，但是他能写出这个句子。这是一个什么样的孩子，他怎么能写得出这句话呢？我们可以研究的。他两岁的时候就能够对着这样一个灰蒙蒙的天、灰蒙蒙的窗外，讲"花落知多少"。五年级能背《滕王阁序》。语言模型的构建，是多么复杂的事情。

但是我们现在就做得太乏味了，我觉得这个可能是跟我们的研究不到位有关系。当我听到老师谈读写结合的时候，我就要问：你是到底想上阅读课，还是想上写作课？

当然，二者之间是有千丝万缕的关系的；但本质上是不一样的。我们不要简单地讲阅读跟写作有促进还有没有促进，一定要问"读什么和怎样读"、"写什么和怎样写"，当我们具体到这一步的时候，我们可能才能够谈读写结合对写作学习有促进还是没促进。

去年国培，天津的一个教研员对我说："我的女儿读了很多书，但是写作水平并不怎么样。"他想问：阅读对写作到底有没有促进作用？这个问题其实很早就有人就讲清楚了。艾德勒早就讲过，**为获得资讯的阅读对语言模型的构建作用是有限的**。我不能说没有作用，作用肯定是有限的。我初二就读《三国演义》，高中读了《红楼梦》。初二读完《三国演义》之后，我爸问我《三国演义》怎么样，我说不怎么样，爸爸什么也没说，然后给我背了一段罗贯中对隆中的景色描写。我爸爸还讲过他曾经跟一个同事两个人比赛背《红楼梦》里的那些诗词，那些匾额。爸爸讲完这段话后，我脸红得厉害。因为我读三国我就知道打打杀杀，我不喜欢。《红楼梦》我喜欢，但是我喜欢读的是：林黛玉又哭了，贾宝玉哄她没有。这些都是获得资讯的阅读，我看到《红楼梦》中的判词，看到这种诗词歌赋我总是马上就跳过去。这样的阅读就不是为了促进写作的阅读。

所以读写结合，多读多写的作用，我们千万不要简单地下一个论断。

【要点评议】

读写结合，一直被语文老师视为写作真谛；多读多写，被视为提高写作能力的不二法门。阅读与写作之间一定有关系，但读什么？读多少？怎么读？这些问题不弄清楚，很可能无法做好读写结合。对这一问题的看法众说纷纭。张志公先生认为阅读与写作应该"分进合击"，荣维东等人援引国外研究成果认为"多读比多写"更有利于写作能力的提升，郑桂华老师则依据艾德勒的阐释，认为"为获得资讯的阅读"难以真正促进写作能力的提升。

编者认为，阅读与写作，是中学语文教学的两大疆域，"读"与"写"的分工是必要的。如果说，"分科"是人类教育史上的巨大进步，那么，语文教学上"读"与"写"的分工，也是语文教育走向科学化的重要标志。但在教学实践中，这两个领域各司其职又相互融合，形成了比较复杂的状况。

首先，阅读与写作的心理机制不同，相应的教学自然也应与其自身规律相适应。其次，阅读与写作的教学目标不同。阅读是吸收，是积累，目标不妨略高；写作是表达，难度大，故只要求"实用性"与"普适性"。正如学生应该读戏剧、读小说，却未必一定去写戏剧、写小说。教材中的许多选文，其语言之精粹、思想之深邃，几乎是许多人一生都难以企及的，至于中学生就更难以直接仿效；而语文课程之所以设置这类远高于中学生语言发展水平的精品语言，其目的只是为了让学生感受思想的丰赡、语言的神韵并培育若干文化精神的成分，这些都不必与"写"相结合。第三，从实际需要来看，现实中许多阅读完全不需要写作的介入。许多阅读活动，读者的感受本身就是目的，就是收获，自不必借写作来实现。过多写作的介入，往往会大大减损阅读的愉悦——语文教师当能感受到学生对喋喋不休的写作手法分析的强烈反感。

因此，教师如果一味强调"读写结合"，很可能使学生既不能很好地"读"也无法很好地"写"，非但不能相得益彰反而可能两败俱伤。

实事求是地说，"读写"结合的益处也十分明显：阅读是写作的基础，阅读能提高见识、丰富思想，充实写作内容，阅读有助于完美语言，阅读为写作技术提供范本……而写作亦大有利于阅读：以写作视角切入阅读，有时确实能够有助于阅读理解；在阅读中介入写作，又使阅读不至流于浮泛；教学中的"读写结合"，易于使课堂教学落到实处……

七、写作与思维

写作教学与思维训练的关系也很复杂。程红兵老师就出过思维训练的书。高校很多老师都做过这方面的研究。

我认为这些研究总体上是指向思维的训练而不是指向写作的，二者之间是有区别的。另外，目前的写作思维训练更多地还只是提供一个原则性的指引，缺少一种路径。

比如说大家比较熟的乔伊斯的那本关于写作模式的著作中，乔伊斯对发散性思维训练就讲得非常清楚。印象很深的一个写作课例，是指导学生把"民主"比作一个人，再把"民主"比作一辆汽车，这是比较容

【要点提炼】类比思维要领：

将某一话题具象化，将具象的话题抽象化。

易的思维训练。接着再难一点,更有挑战性的发散性类比构思,就是将民主这个很抽象的话题,用一个非生命体来类比。我受此启发,上了一个类比构思的作文构思课,效果非常好,立竿见影。我觉得类比构思的实质就是让学生通过类比思维的方式去构思一篇作文,其中的重点就是选择什么样的物象来构思。类比构思,需要针对抽象的话题或者是具象的话题来把它具象化,比如说上海高考题"必须跨过这道坎",这个"坎"你需要类比吧？另外,如果是特别具象的话题你可能还需要通过类比来给它抽象化出来。

【反思】

你的写作教学是不是经常在思维与写作之间直接画上等号？写作需要思维,但写作一定不只是思维。

请你从如下角度思考思维与写作的关系：

1. 思维引导写作的基本走向；
2. 写作修正、丰富并完善思维；
3. 思维与写作不断互动,互相生成。

对于思维训练,我想首先必须考虑是指向思维的还是指向写作的。思维对写作肯定有用,但不等于就是写作本身。

八、作文审题

这是个老生常谈的问题了。

很多老师都为学生的审题问题苦恼,认为学生普遍存在审题不清的毛病。我很奇怪,因为上海的中考命题并不难。你看今年中考的这个题目"心里美滋滋的",哪里难？但是,很多学生的写作成绩总是在平均分上下浮动,这确实是一个问题。有一所学校,比较好的学生作文大多数都是47、48、49这样的一个分数,相当于上海中考的一个均分。我分析了该校一次二模作文试卷,这次二模的作文题叫"我的舞台"。从我看的那些作文中,所有的孩子对"我的舞台"是理解的,但是在选材上都很一般,多半写什么跑步、做志愿者等等。我发现问题其实出在切题上,而不是审题不清。学生实际上是在怎么围绕题目行文方面出了问题,不少孩子文中有很好的材料,但就是不知道在行文中怎么去切题。

【要点评议】

郑老师此处所做的是"诊断学情"的工作。通常写作教学就是发现学生写作不够切题，立刻简单断定学生不会审题，于是立刻灌输一套系统全面的审题知识。但是这些知识究竟是否符合学生实际，是否能够促进学生写作，教师并不去关注。

怎么提高呢？教学流程很简单。

先看三篇优秀作文，统计人家标题出现的次数。除了统计标题出现次数之外，还研究这些标题出现在什么位置，然后把统计结果在黑板上写下来。最后大家发现好作文标题出现率平均有14次。后来我来看这个班同学的习作，也来统计标题出现多少次、分别在什么位置。接下来是修改，改完之后我问学生：大家感觉这样一来你们作文能够提高一两分吗？学生开心得不得了——"能提高"，我对他们说："不能提高！"他们吓了一跳。因为到现在为止，学生都还没有修改自己的习作。课后必须完成一项作业：你修改自己的两三篇文章，通过增加标题和关键词，来增强整个文章的切题程度。第二个作业是你在写作文的时候，一定要非常自觉地去切题。这样的话，作文增加两分才能够保证。这时我问"你们能不能做到"，初三的孩子很可爱的，马上说"能做到"。

修改的过程很有意思。

我特地选了一篇材料很好但切题最差的作文让学生一起来修改。有个男生小组改得最快。我一看就笑了，班级交流的时候，他们小组很振奋地念给同学听：这就是我的舞台，一个充分体现我的能力的舞台，充满欢乐的舞台，充满紧张气氛的舞台，全班同学就笑。显然这个组的同学只顾到次数，忘记了位置因素。其实古人特别讲文气，在中考前夕我不讲文气了，这时要靠位置要靠次数来增强切题的程度。

【要点评议】

依然是基于学情。关于切题，可教的知识也甚多。究竟应该教什么，完全取决于学生实际。

九、写作教学的过程化

我自己主编过六册初中作文实验教程,是与广东冯成亮老师一起联合主编的。我们从言语方式进入,形成了一个叙述描写、说明议论、议论抒情和写作审题,最后到修改这样一个流程来展开的。我觉得还是蛮有意思的探索,当时广东省教研员冯成亮老师请了广东省的一些老师、名师、教研员来帮这本书做广东的本土化实验研究。这项实验包括准备活动、分解训练、综合训练、反思修改四环节。它可能是这样一个循环的、螺旋式上升的写作流程。

语文课程,难以列出类似于物理、数学那样客观的学科要素、不可缺少的概念以及公认的定理。即使有人能列出一些概念、原理,学生背过这些概念,却又未必能提高语文素养。而在中学语文教学所涉及的学习内容中,又以作文最为极端。作文与人的灵感、才华、个性、创造性关系最紧密,因而也是最不可捉摸的。迄今为止,在人类整个知识框架中,有关作文教学公认的概念、原理,几乎还是众说纷纭,莫衷一是。学生的作文能力也很难像数学、物理那样,通过公式、原理等知识的记忆、例题的讲习,通过规范严谨的技能训练得到成正比的、可以检测的提高。正因为如此,社会上不少人士普遍认为,作文几乎无规律可言,学生的作文水平不是靠教师教出来的。

【观察者点评】
你也是这样进行写作教学的吗?

怎样提高学生的作文水平?语文教师在作文教学中常取这样两种方式:一是让学生大量阅读、勤奋写作,自己摸索出窍门;二是讲解"什么是好作文"以及"如何写好作文"的要求与方法,但没有给学生提供具体的指导,结果对提高学生的作文水平作用不大,因而让人觉得作文教学不可为。

当然,以上做法有其悠久的传统。两千多年来,传统的语文学习活动,为这种观点提供了大量成功的实例。从民谣俗语的"熟读唐诗三百首,不会吟诗也会吟",到专家学者的论断"文无定法";从杜甫的治学名言"读书破万卷,下笔如有神",到鲁迅的愤世之言"从不信文章作法",在一切优秀的文学作品中,就全部标着"怎么写",这些无不表示了课堂教学在学生作文进步中的苍白无力。正因为如此,一直以来,作文教学的基本模式就是依靠学生长期、大量阅读文章,从优秀范文中感悟其妙处,慢慢积累起判断分析文章优劣的标准;再通过大量而零碎的作文习作,来积累写作经验。**这种以模仿和习得为主的写作学习方式**,通过长期学习,固然也能够提高学生的作文水平,甚至还能养育出几个大师,但是,却是以大量的时间、精力成本为代价的。

【要点评议】

模仿、习得对于一些可以外化的行为学习比较有效,对于以内在思维活动为主的写作学习则作用有限。

在当今社会生活日益多样,信息总量急剧增加的背景下,人们用于语文学习的时间被大大压缩,而市场经济导致的效率至上主义,又要求包括语文学习在内的所有社会活动要大大提高效率,因此,要青少年们再像古人那样,靠漫天撒网式的大量阅读,由学生自发地摸到写好作文的门径,已经为形势所不许。因此,探讨高效达成语文教育目标的合理途径,提高作文教学的效率,已经是不容回避的任务。

当然,涉及高层次思维活动的写作,如诗歌、小说、戏剧等文学创作,仍主要依靠作者个人对生活的独特感悟,主要展现的是作者对语言的个性化运用。人们对这种创造活动的主要评价依据,是看它能不能创造一个独特的精神世界,这样的写作活动,的确有许多不可教之处。但是,中学写作教学并不承担让学生成为作家的使命,而只是承担使学生初步具备运用文字传情达意的能力的任务。

【要点提炼】中学写作教学重点教写作基础性的规则。

作为一个社会人应该具备的基本文字的表达能力,例如遣词造句的常见技巧,谋篇布局的基本章法,传情达意的基本技能,常见文体的基本格式,人们还是有不少共性的,教与不教还是大不一样的。这就像下棋里的招法定式,竞技体育训练中的分解动作,绘画初学者的素描写生,都是通往高层次创造性活动的基础。高层次运动员在赛场争胜,与强手对决,大部分是靠个人天赋及临场的即兴发挥,但是对于初级学习者来说,在平时的训练里,则不妨用一些分解动作来完成基本练习。基本动作要领是入门的必备,体现了该项活动的基本要求,是通向高层次创作的台阶。中学作文课,就应该研究如何在课堂特定的环境和有限的时间内,帮助初学者尽快构建起语言文字表达的最初那几级台阶。因此,"作文是个性化的创造活动"不能成为教师在作文教学上自甘于"混沌"、"不作为"的理由。

因此,写作教学的思路必须改变。就是要将作文教学过程具体化,通过作文教学过程指导给学生提供切实的帮助。因为,如果教师在学生的写作过程中能提供有效的指导,则可以大大缩短他们由"生"变"熟"、从"拙"到"巧"的路程,从而提高作文教学的

> **【要点提炼】**作文教学过程化两大维度：从写作过程入手，从写作知识和能力要素入手。

实效性。

人们在作文教学过程化上的探索，可以简单归为两条思路：一种是从作文的写作过程入手来探讨作文教学过程的合理性和有效性；另一种是从构成作文的知识和能力要素入手来设计作文分项训练过程。改进作文教学过程，提高作文教学的合理性和教学效率，无非也是沿着这两个维度展开。

按"学生写作过程"设计作文教学

写作是思维和语言在时间上的展开。一篇文章从准备到构思再到完成，存在着一个时间流程，以文章的写作过程为线索来组织教学活动就是很自然的程序。以作文过程为线索组织作文教学——自然流程，需要经过以下工作线路：

- 列出完成一篇"作文"的主要环节；
- 按照写作的主要环节将教学活动划分为几个教学板块；
- 确定每个教学板块具体的目标和步骤；
- 通过教学活动设计，合理组织作文训练，控制学习步骤，以获得预期效果。

一般来说，中学的作文教学基本上都是按照作文写作流程来展开教学的。我国的中学作文教学有两种基本流程：一是四阶段指导模式，即"教师写前指导—学生写作—教师批改、评讲—交流展示"；另一种是两阶段指导模式，即"学生写作—教师批改"，后者可以看成是前者的简化版。两种教学模式的内容与过程，可以通过下表表示：

作文阶段	训练内容与过程	
	模式1	模式2
写前指导	教师给出题目，范文借鉴，头脑风暴（获得写作素材），写作思路点拨、拟提纲	学生写作
写作	学生独立写作	
批改	以教师批改为主（偶尔采用自批、小组批改、面批）	教师评改
交流展示	教师讲评（读优秀作文＋问题分析），张贴优秀作文（黑板报、墙报、班级网页、佳作园地、作文排行榜等）	

可以看出，尽管人们可以把作文教学分成更多的模式，但是，在"写作"这一最需要

指导的中心环节上,上述两种模式其实大同小异,或者说,这样的作文教学还是基于多写多练、自然生长的理念,即基本由学生独立完成,学生在写作的"进行时"里,缺少必要的讨论和具体的帮助。即使以后学生可以通过评语、课堂讲评甚至面批获得教师的意见,但是学生当时的写作情景已经不可复现,指导和训练都无法融为课程的有机部分。

> 【要点评议】
> 　　写作教学过程化最大的价值并不在于简单地将教学分为几个环节,这并不困难,关键在于在写作教学的每个阶段中都有着具体明确的关于"教什么"、"怎么教"的可操作的内容。这在实质上还是写作教学内容确定的问题。于是,写作教学研究就必然要涉及作文教学过程化的第二个维度。

按"教师指导过程"设计作文教学

作文教学过程化的第二个维度,是从构成作文知识和能力要素入手,通过分项训练提高写作能力,每一项训练不只是提出要求,还要落实指导的过程。如描写的训练,不只是让学生知道"描写要具体要生动",而且要帮助学生掌握如何做到具体生动地描写;再如记叙性文章的选材,不只是让学生懂得"材料应该具体典型新颖",而且要教会学生怎样选择出"具体典型新颖的材料"等等。这个"怎样"的训练就需要教师进行一系列的过程指导,将写作训练设计为学生能够做并且愿意做的一系列活动,在这一系列的活动过程中获得写作知识技能。

> 不只是简单指示学习目标,更需要提供实现目标的路径。

作文教学过程化的基本路径

实现作文教学过程化,以下环节不可缺少:

1. 列出影响中学生写作水平的基本要素和必备的技能。任何工作都需要掌握一些基本知识和技能,例如记叙文的"如何观察"、"如何描写"、"怎样选择叙述人称"、"怎样设计叙述顺序"等。当然,描写可以按描写对象(环境描写、人物描写等)和描写方法(直接描写、间接描写等)进行细分;议论文可按"如何概述材料"、"如何

> 请列出作文教学过程化的三大环节:
> 1.
> 2.
> 3.

主题学习工作坊

证明观点"、"如何反驳"等进行细分。

2. 围绕上述知识或技能,设计具体且可操作的训练步骤。例如,落实"描写要具体生动"的要求,可让学生按照"那里有什么"、"它怎么样"、"它像什么"以及"它让你联想到什么"的线索写,学生通常就能写得具体生动。

3. 在每一堂作文教学课或一个教学单元里,分别完成一项训练内容、训练一种技能,把各项训练综合起来,学生的作文能力就可得到提高。理论上说,依照这样的设计思路去教作文,才可能是有效的教学。

我国写作课程与教学的基本现状是:多知识,少方法;多要求,缺过程。目前,我国整个语文教育领域对中学生作文的核心知识、作文的基本技能仍然没有统一的认识,国内绝大部分语文教材中关于作文的部分大都语焉不详。有的干脆对作文避而不谈;有的只出几道作文题目,不谈作文教学;有的止步于列出写作要素和技能目标,而学生怎样掌握这些要素、教师如何实现这些教学目标,在写作教材中都没有具体的训练过程,这样,在教学实施前,教师不得不对教材所列出的作文教学训练点进行二次开发。这些教材编写,都把作文教学过程设计的重担交给了任课教师。而如何教学生写作文,自然也就成了语文教师的难题。

针对具体的能力要求,设计合宜的教学流程

作文教学过程化有三大环节——确定影响写作的要素与技能、设计具体可操作的训练步骤、实施教学训练——这些环节是循序渐进不断深入的。如何根据有关知识设计合理的写作训练步骤,这应当是写作教学研究的方向之一。因此,有必要针对一项具体的作文能力或要求,设计出一套"比较具体的、有相对固定步骤的、可以重复操作"的作文教学流程。比如面对一个具体的情景,一个初学写作的学生如果能够通过一至两堂作文课的指导、训练,由眼前的一幅画变成笔下的一幅画,由本能的、混乱的、简单的、艰涩的描写,提高到相对规范的、有序的、细致的、生动的描写,一句话,由不知描写为何物到略识描写,那么,写作教学指导就落到了实处。

参见本书郑桂华《描写的奥秘》课例。

近些年来,作文教学过程化的观念已经渐渐为大多数教师所接受,而影响作文教学过程化探索进展的主要障碍在于实践层面,即如何落实作文的过程指导。如果不能设计出能够覆盖中学生主要写作活动并且体现过程指导特点的系列教学思路,那么实现作文教学过程化仍然是一句空话。近些年,我沿着"实现作文教学过程化指导"的思路,先后设计了"叙述一个曲折的故事"、"让描写具体生动起来"、"利用类比进行构思"、"写作中的读者意识"、"怎样虚构故事"、"提高联想能力"、"用事实证明观点"等十几节作文教学课型,并在不少学校进行教学实验,取得了一定的效果。

问题研讨

关于作文的过程化教学,有些问题还需要做一些说明。

其一,作文过程化指导旨在解决什么问题?

必须明确的是作文过程化指导是为了解决学生作文的入门问题。因此,有些创造性的内容不在过程化指导之列自可理解。

其二,如何处理写作指导过程中机械训练与创造性活动的关系?

早就有人批评过作文的分解训练是科学化、机械化、教条化的做法。如前文所述,用这样的方法培养高层次写作人才当然不行,但是,中学作文课要完成的任务,首先是让学生学习基本表达,要学生将眼前所见的事物、自己所想的问题运用文字向别人说明白、讲清楚,用的是基本能力、常用技巧和简单定式。因此,选择一些作文教学点,找到一些作文训练的分解动作,探索一些作文训练的简单有效的定式,对学生进行写作过程的初步指导,使作文教学有章可循,提高效率,其效果还是可以期待的。

其三,作文教学过程化是否可以视为一个写作教学体系?

作文教学过程化目前来看还不是一个严密的体系(或许也不以追求这一体系为终极目的),就目前的认识和研究水平而言,还不可能对作文教学的各种文体、各个环节进行科学合理的分解,以科学思维破解作文教学难题,因而这也未必是终极思路。过程化指导的几个点,还是从最基础的、最容易设计的几个点来做的。并且这些知识点的确定乃至命名也还是值得商榷的。

资源链接

1. 王栋生."自由状态下的写作"教学手记[J].中学语文教学参考,2003(5).
2. 王荣生.解读"语文实践"[J].课程·教材·教法,2006(4).

3. 叶黎明.对当前写作教学改革热点的反思[J].语文学习,2006(9).

4. 董蓓菲.美国过程写作法——旨在管理写作行为的作文教学法[J].语文建设,2010(3).

后续学习活动

任务1：郑桂华老师从九个方面介绍了当前写作教学的最新进展。请你读完这一讲座后回忆一下本讲座的主要内容，并将内容要点填入下列表格中。

序 号	主 题	要 点 摘 录
1	写作基本类型	
2	写作是实践活动	
3	生活写作与教学写作	
4	文学写作与实用写作	
5	写作是否可以教	
6	阅读与写作的相关性	
7	写作与思维	
8	作文审题	
9	写作教学的过程化	

任务2：从上表的九项内容中确定自己最有体会的一项，以此观点对照反思你在写作教学指导过程中的实际状况，写出三点认识。

任务3：在你的学生习作中选择一篇你认为不理想的作文，运用讲座中的原理分析作文中存在的问题。

交际语境写作

专家简介

荣维东，华东师范大学教育学博士，西南大学文学院副教授，硕士生导师，西南大学语文教育研究所所长，中国高等教育学会语文教育专业委员会理事，语文教师教育研究中心常务理事。

热身活动

学习本专题，请您先思考如下几个问题。

1. 下面是人们对写作的描述，你认同哪一种说法？
   A. 作文是"积字成词，积词成句，积句成段，积段成篇"的语言综合训练
   B. 写作就是作者内心情感的外化表达
   C. 写作是依据读者交流的一定需要而进行的文字交流活动
2. 写作课程大致有如下几种基本范式：文章写作、_____ 和 _____。
3. 交际写作的关键要素是：读者意识和_____。

学习目标

通过本专题的学习，您应该能够：

1. 解说我国写作教学的基本困境,表达你对中小学写作教学本质的看法。
2. 列举并阐释写作课程与教学的三大范式。
3. 根据交际语境写作原理设计一个写作教学教案。
4. 根据交际语境写作原理对本人或同事的写作教学课例加以评析。

正文

一、写作和写作教学观

(一) 写作是个"老大难"

作文教学,在我国向来是个"老大难"问题。一提到作文,学生是一不愿意写,二没内容写,三不会写。教师呢?一是害怕教,二是没法教,三是不去教。

面对写作教学的这些问题,以往我们多从"教学法"方面寻找解决路径,于是各式各样的作文教学方法、流派、名号层出不穷,但是最终总是问题依旧。原因何在呢?

张志公先生在谈到写作教学为什么这么难时曾说:我想这也许跟对待作文这件事有些不对头的看法有关系。不大对头的看法必将导致教学中不合适的做法。在这里"不对头的看法",应包括"写作观、写作知识和理论"等。我们认为:中国写作教学的问题,从根本上是写作观念错误、写作理论僵化、写作知识陈旧。

中外写作教学理论的发展经历了三种范式转换:即从 20 世纪 60 年代之前的"文章写作",到六七十年代开始的"过程写作",再到当今发展酝酿着的"交际语境写作"。写作教学的三种范式,体现了人类对写作认知的一步步深化。

(二) 写作教学的三种范式概述

1. 文章写作

"作文"最通常的含义就是"写文章"。从我国古代的"八股文",到欧美 20 世纪 60 年代前的母语写作,以及目前我国的作文教学,都是建立在这种观念之上的。

> 写出"文本中心写作"观的基本主张:

这种写作观认为,"作文是积字成词,积词成句,积句成段,积段成篇"语言综合训练,在这一观念下的写作教学便采用语言学和文章学知识教写作。它关注"写的结果",衡文标准主要看"写成的那篇文章"是否"字词正确、文从句顺、结构完整、主题正确",其核心知识是中心、材料、结构、表达等。但是,这些**关于"文章写作"的知识和概念规则,并不能帮助学生学会写作**。因为,写作是一种需要极强的动机、情感、意志参与的复杂的技能性活动。而"文章写作"体现着人们对写作的直观认知,其实质是一种指令性、物本的文本制作。这种着眼于"写的结果"的教法,似乎简单实在,可是,这种结果取向的写作,由于难以调动学生的兴趣动机,又不涉及写的过程指导,对教写作并没多大效果,有时甚至是负效的。

由于文本中心的写作教学观在我国写作教学中一直占有极其重要的地位,这里需要对之做一略微详尽的评议。实事求是地说,文本中心写作也有其长处:(1) 有助于培养学生基本的书面表达能力;(2) 能使学生形成一个基本写作规范;(3) 有利形成一定的语感和文章图式。但其缺点也是显而易见的。这种写作以虚情假感、文字铺排、乱用修辞、展示文采为主要特征,训练的是一种虚假写作能力,而社会生活学习需要的真实写作技能很难得到培养。这显然远离了现代写作教育的本质。

具体来说,文本中心写作的不足主要表现在如下几个方面:

其一,严格控制,没有自由。

作文多采用命题的形式,讲究"审题立意"、"按要求作文"、"代圣人立言"、"思想积极健康向上",不考虑学生作为写作主体的交际需要。这种写作的整个过程都是在教师直接或间接的控制下完成的,学生没有自由发挥的空间,变成了一种必须应付的差事。

其二,只重形式,不重内容。

这种写作教学以范文阅读和机械模仿为主要特征。写出来的作品,往往内容空洞无物,结构生搬硬套,表达平淡无力,有时甚至写作主题、内容、材料、手法都惊人地相似,千人一面,万口一词,千篇一律,缺乏个性和创造。

其三,只看结果,不问过程。

这种写作根本不考虑学生在写作时遇到的实际困难,有没有内容可写,会不会写,写得如何,一概不问。范文倒是有,但这种美妙的文章是如何写出来的,需要学生自己去"悟"。在整个写作过程中,学生仅仅依靠自己的苦思冥想去"瞎编",缺乏来自外界如同伴、教师的合作与帮助。学生在写作中出现了问题,在文章的内容、结构和方法方面有不妥之处,教师也只有事后才能

> 指出"文本中心写作"观优点与不足:
>
> 优点:
>
> 不足:

发现。一句话,学生一般是得不到及时、准确、具体、有效的指导的。

其四,只看文本,不问情境。

判断这种写作教学是否达成目标就是简单地去看写作活动是否产生了好的"产品"。衡量这产品"好"的标准也是着眼于一般的通用的文章的。至于这篇文章是在什么情境下写的,写给谁的,达到什么目的,它的用途是什么,是一概不考虑的。写作远离了现实生活需要和语言真实表达的基本功能,成为一种无意义的荒谬行为。学生的写作能力自然无法从根本上获得提高。

2. 过程写作

> 过程写作观的核心:视写作为思维活动与问题解决过程。

自20世纪60年代以来,随着认知心理学的发展,写作教学理论发生重大变革。一些心理学家,从信息加工的角度,认为写作是信息摄取、储存、加工、转换、输出的过程,是作者的**思维活动**和**问题解决**过程。这个时期,弗劳尔和海斯(Flower 和 Hayes,1980、1981)等人相继提出一些写作模型。在此基础上,欧美发起一场声势浩大的"过程写作运动"。"写作即过程"的理念开始深入人心,并进入西方诸国的课程标准、教材和课堂之中。"过程写作"由关注"写作结果"转向关注"写作过程",由关注"写作产品"到关注"写作主体",由关注"外在结果"到关注写作者的"思维过程",这是写作范式的重大转换。

"过程写作"给写作教学提供了一个根据"作者的活动",而不是根据"最后的产品"教写作的途径,写作因此变成一种"可教可学的步骤和程序"。可是,"过程写作"仍不能从根本上解决作者对写作活动目的、功能、意义的感知与体会,仍属于脱离具体语境和现实需要的写作。写作者的欲望动机仍难以真正调动起来,仍不能根本解决"为什么写"的问题。

> "交际写作"是一种"读者导向、交流驱动、语境生成"的写作。作者在交际语境中能够选择并创生写作内容和表达形式。写作的内容、素材、体裁、结构、语言等,因"交际语境"而顺利生成。

怎么办?一种崭新思路出现了:这就是以读者为中心、以交流为目的、重视语境生成功能的写作,我们称之为"交际语境写作"。

3. 交际语境写作

"写作即交流"的理念,源于20世纪

70年代兴起的语用学。语用学认为,语言学习的核心不是语符和语义,而是其语用功能。语言学习的目的不在于语言符号和意义的机械识记,而在于通过语境学言语,获得真实的语言运用能力。同时,随着社会发展,人的语言交际能力愈加重要。于是,一个关注语言实际运用能力,强调在具体交际活动中学语言的"交际写作法"出现了。

"交际写作"与当今的交往哲学、建构主义、功能语言学、语用学、社会认知理论、情景认知、交际学、传播学等多学科理论是一致的。它们认为:**写作是作者与读者之间运用背景知识,基于交际目的,针对具体语境而进行的意义建构和交流活动**。基于交际写作观,"读者"不仅仅是文章的被动接受者,而是与作者一起进行交流的积极对话者、意义建构者、文章合作者;作者不仅仅是信息的发出者,而是一场对话交流的组织者和协调者;"作品"不仅仅是"写的结果",而是持续具有交流和传播价值的文本。

【要点评议】
　　写作课程范式从"文章写作"到"过程写作"再到"交际语境写作"的演变是一种进步,是人们对写作本质认知不断加深的结果。"文章写作"主要关注写成的文章是"什么样";"过程写作"主要关注文章是"怎么写"出来的;"交际写作"重点关注文章"为何写"、"为谁写"、"写了有什么用"等更深层次的问题。在交际写作理论下,写作的种种深层次问题,诸如写作动机、写作内容、文体语体、语言表达等都有望得到很好的解决。

二、交际语境:写作教学发展的方向

(一)国内外交际语境写作发展回顾

我国对写作交际功能的关注由来已久。《尚书·尧典》中有"赋诗言志"、"神人以和"的说法。孔子重视写作的社会教化功能。两汉强调写作要"上以风化下"、"下以风刺上"互动作用。扬雄视辞赋为"雕虫小技",司马迁"发愤著述",班固"缘事而发",王充"文为世用",白居易"文章合为时而著,歌诗合为事而作"等都显示了这种传统。

在现代,朱自清强调写作的"读者意识",叶圣陶强调作文是"有所为的"。夏丏尊曾系统论述"文章的六种态度":(1)为什么要做这文?(目的);(2)文中所要述的是什么?(话题);(3)谁在做这文?(作者);(4)在什么地方做这文?(环境或场合);(5)在什么时候做这文?(时代观念);(6)怎样做这文?(方法)。20世纪八九十年代我国写作学勃兴：林可夫(1989,1991,2002)提出的"四体化一律"将写作主体、客体、受体、载体(即人格、题材、读者、成品)进行系统研究。金长民(1989)的"写作运思学"，陈果安(1995)的写作主体、表达、文体研究，马正平(1995)的写作动力、文化、分形、思维研究，董小玉的写作原理、文体、教学研究，潘新和的写作理论史研究均创造了那个时代写作学的最高成就。近十年间不少学者如李海林、潘新和、李乾明、蔡伟、林一平、魏小娜、胡根林、郑桂华等强调写作的读者意识、文体意识、目的意识、语体意识、过程写作以及真实写作，都从某个侧面体现出对写作的交际语境要素的关注。

尽管我国写作理论中对交际语境要素有着绵延不绝的关注，但它们都没有真正改变我国"文章写作"理论一统天下的现实。中国几乎95%的写作(作文)论文话语脱不了文章的"四要素"或"八大块"知识，其理论陈旧而缺乏阐释力。这与近二十多年来各相关学科的发展不相称，也明显滞后于国外写作理论发展。

欧美向来重视写作的交际语境功能。

亚里士多德在《雄辩术》中提到交际活动是听话人、说话人、信息内容和形式的交互过程。国外重视写作的修辞语境要素主要包括"三要素说"(读者、作者、信息)、"四要素说"(题目、目的、读者、作者)、"五要素说"(目的、读者、话题、场合、作者)三种。Willian E. Messenger 等(1989)首创从作者、对象、话题、目的、语言等建构写作交际模型。1989 年，Nystrand 提出写作的"社会互动模型"，指出写作不在文章本身，而在"作者与读者之间的交流"；Grabe 和 Kaplan(1996)提出"社会认知写作模型"；2000 年，Flower 和 Hayes 的写作模型加大了"社会的"因素的影响，建构主义学者斯皮维(Spivey, 2002)论述了"写作即意义建构、生成与调整"的观点。接受美学将写作视为作者向隐在的读者传达情感或信息的对话过程。Emig(1971)、Flower 和 Hayes(1980)、Krashen(1984)、Hillock(1986)的实证研究也表明高明的作者具有较强的"读者意识"。

【要点评议】

　　近年来，国外写作课程标准纷纷强调写作的交际和语境功能，提出"为读者而写"、"为不同的目的写"、"根据情境、目的和对象调整写作"等观点。当前西方写作教学中的"过程"和"后过程"现状与东方国家重结果的写作教学形成了鲜明的对照。

　　我国作文教学问题重重，可能与缺失写作交际语境意识有重大关联。

(二)"重表达"与"重交流":中外写作课程目标的差异

1. "重表达":我国写作课程目标取向

我国传统的作文向来重"**重表达、轻交流**"。过去教学大纲强调"能文从字顺地表述自己的意思",现在的课程标准强调"有创意的表达",都有着明显的"表达主义"的取向。**其实质是"文章写作"观**。虽然目前的课标中有"与他人分享习作的快乐"(第二学段),"懂得写作是为了自我表达和与人交流"(第三学段),"写作时考虑不同的目的和对象"(第四学段)等交际写作理念,但长期以来,我们以追求"立意高、选材精、结构严、语言美"为写作课程目标,注重文章的制作技艺和表达技巧,忽视写作的交际技能和学生语言交际能力培养。

【观察者点评】这一部分也许不好读,但一定要耐心阅读哦!理论背景的价值不可低估。

2. "重交流":国外写作课程目标取向

国外写作教育有着比较明显的"重交流"的取向。从写作目的和社会需要出发,培养学生语言交际能力是其母语课程的一贯思想。"写是为了有效地交流",几乎是美、英、澳、德、日等国写作课程的共同理念。

美国1996年颁布的《国家英语语言艺术课程标准》[1]是如此,美国各州市学区写作课程目标也是如此。马赛诸萨州作文标准中提到"**为不同目的和读者写作**"[2]。奥尼尔市的英语语言艺术课程"以发展学生的实际交际能力为教学目的"[3]。南卡洛莱纳州2007年在其《语言艺术标准》要求学生"为读者而写",强调"学生必须经常写并为不同的目的写"。在美国,交际能力被看做核心语文能力,贯穿于各学段的课程标准。[4]

英国也同样重视写作的交际功能。教育和科学部颁发的《英语:5—16岁》文件中对学生写作的要求是:"为多种目的而写作;针对写作目的用适当的方式去组织内容;针对写作目的和预期读者采用合适的文章样式。"2007年新修订的第三学段母语课程标准中提到"作品要和任务目的协调并能引导读者"、"语言风格要和读者、目的、形式

---

[1] NCTE and IRA. Standards for the English Language Arts[DB/OL]. http://www1.ncte.org/library/files/Store/Books/Sample/StandardsDoc.pdf.

[2] 洪宗礼,柳士镇,倪文锦主编. 母语教材研究(第六卷)外国语文课程标准译介[C]. 南京:江苏教育出版社,2007:94—96.

[3] 朱绍禹. 国际中小学课程教材比较研究丛书. 本国语文卷[C]. 北京:人民教育出版社,2001:243.

[4] 洪宗礼,柳士镇,倪文锦主编. 母语教材研究(第六卷)外国语文课程标准译介. 南京:江苏教育出版社,2007:122.

统一起来"等。①

澳大利亚维多利亚州英语课程目标要求学生"了解语言随语境、目的、对象、内容而产生变化,并运用这种知识了解不同的文本需要不同的语言类型,并运用这种知识于写作中。"②

德国母语教学的基本原则是"以语言交际为方向和目标"。为了有效地培养学生的交际能力,德国教学界还提出了交际能力的两个标准:一是"交际—实用化",二为"交际—标准规范化"。③

日本的写作目标在"二战"前就规定,除了写"表现自己的文章"(包括日记、感想文等,这类文章以培养个性和创造力为目的)以外,还要写传达社会信息的文章(包括记录、通讯、报告、评论等,这类文章以沟通思想、交流信息为目的)。"二战"后日本的写作教学受美英的影响,对于后一类文章的重视程度在上升。④ 日本把"培养读者意识"作为作文教学的一个重要目标,逐级落实。⑤

"重交际"是欧美语言教学的核心理念。皮特·科德在其《应用语言学导论》中指出"语言的社会本质是交际工具"。英语课程所"关心的是不仅要教会他能说出语法正确的一连串话语,而且还要教会他能有效地使用语言与人交际,并且起某种社会作用"。他还指出现代语言教学的一个很大优点是"较多地从社会的角度来对待语言,并且重视语言在不同社会环境中的交际功能问题"。⑥ 从国外的课程实践看,他们从幼儿园起就培养孩子写作的对象意识、目的意识和语体意识。

值得注意的是,存在这样一种现象:在儒文化或华文化圈内,多数国家几乎都存在着这种"重表达轻交流"的特征。陈稀曾指出,"为读者而写"体现了国外写作课程教学改革的主流趋势。与美、加、英、日、韩、德等国的语文课程相比,"我国的语文课程为读者而写的观念长期比较单薄,简直可说是空白、缺席。我国香港、澳门、台湾地区乃至新加坡的华文课程标准概莫能外"。⑦

这种"重表达轻交流"的传统是否是由于中华文化基因天生缺陷造成的呢？中国

---

① QCA. The National Curriculum for English [EB/OL]. http://curriculum.qca.org.uk.
② 澳大利亚课程标准[C].丛立新、章燕,译.北京:人民教育出版社,2005:9.
③ 曾祥芹.文章学与语文教育[M].上海:上海教育出版社,1995:85-86.
④ 教育部基础教育司语文课程标准研制组.语文课程标准解读[C].武汉:湖北教育出版社,2003.71.
⑤ 吴忠豪.外国小学语文教学研究[M].上海:上海教育出版社,2009:185.
⑥ (英)S·皮特·科德著,上海外国语学院外国语言文学研究所,译.应用语言学导论[M].上海:上海外语教育出版社,1983:12.
⑦ 高文,徐斌艳,吴刚.建构主义教育研究[M].北京:教育科学出版社,2008:236-137.

人向来含蓄内敛不善交流,这使得中华文化具有了某种"向内"特征。西方文化自古希腊罗马始,就具有一种外向型文化人格。它们的长老院议会制、政治演说、民主传统,形成了他们的自由独立、批判精神、善于交流、外向征服的传统。中国的写作教学目标,应该改变过去那种"内向封闭"弊端,借鉴西方"外向交流"的取向,重拾文化的开放博大包容心态。

在我们看来,上述差异虽有着中华文化的封闭、内向、含蓄的内陆文明的特征,与西方海洋文明、商业文明不同;但国外作文教学中愈来愈重视写作的交际功能,主要不是文化传统的因素,而是因为现代社会经济文化发展愈来愈需要交流能力。

【要点评议】
　　"重表达"与"重交际"作为两种截然不同的写作观,其背后的教育、语言及哲学基础和价值意蕴都是不同的。前者注重培养内向人格,后者偏重培养外向人格;前者偏于个体情感表达,后者偏于交流社会经验;前者基于静态语言学,后者基于功能语言学;前者使用结果教学法,后者运用交际教学法。总之,前者容易堕入虚假语言训练的误区,后者便于走向真实交流技能的坦途。

综上所述,所谓"交际语境写作",是指为达成特定交际目的,针对某个话题、面向明确或潜在的读者,进行的意义建构和交流活动。这种写作一定要针对特定的读者、环境,为实现特定的言语目的,基于生活、工作、学习、心灵的需要才行。

【反思】
　　关于写作教学,你是否有这样的记忆?一代又一代的学生不断在写《我难忘的_____(人、事、活动、物)》这样的作文。

　　你是否追问过:学生为什么要写它?为什么要向别人说这样一个话题,目的何在?

　　你也一定了解,多数学生都讨厌作文、害怕作文,却喜欢发短信、网络聊天,或者类似交流活动。但你是否思考过:二者一个显著区别就在于后者具有鲜明真实的交流功能和机制?

因此,我们需要明确:中小学写作(作文)的目的是什么?这是思考写作教学问题的逻辑起点。因写作目标不同,其写作理论、知识、模式也就不同。

写作教学显然不应该只是"为了应付考试",也主要不是所谓的精神道德训练,写作教学的主要目的应该是"学生的真实生活应用与生命成长本身"。

但是,我们目前的"作文",已经不再是"真实生活本身"需要的那个样子,而是彻底搞成了"另外的一个样子"——作文成了一种在封闭真空中进行的文章制作、应试技艺,写作失去了基本的交际功能,与真实生活没有了联系。

那么,请你构想一种"真实世界里的写作",思考这种写作的主要特征究竟是什么。不知如下解说是否与你的构想大致相同?

作文不应该是一种令人头疼的作业形式,不应该是为老师完成500字左右的作业,它应该是具体语境下的表达交流,是一场场别具魅力的交流与对话。

写作应该是一种自我情感的表达以及与世界、他人沟通的方式,是孩子的"另一种嘴巴",是学生的"书面言说"。作文教学应该模拟或还原成现实生活中各式各样、功能各异、目的不同的写的活动。

任何一次写作行为都可以看做是一场特定语境下的对话交流。这个语境包括话题、读者、目的、文体等。语境决定并塑造了语篇。正是因为读者、目的、话题不同,写作的内容和形式才变得千变万化无以穷尽。写文章是向某个(些)对象进行的一场倾诉或交流。发出信息是为了得到回应;写文章是为了与人交流思想情感。实用文大都有明确读者的。文学作品也是有潜在的读者群的。如果没有了对象和目的,任何写作都将变得毫无意义,失去其存在的价值。就是秘不示人的日记也有一个特殊读者——那就是作者自己。

写作的困苦是写作的无目的、无对象,没法揣摩清楚读者的状况和需求。写作的困难主要不是"没的写、不会写",而是我们写的时候不知道向谁说(写),为什么目的(说)写。

"写作即交流"是中小学写作教学的本质。营造具体真实或拟真的写作任务场景,教学生自由的表达与交流,是写作教学的主要目的。

三、交际语境写作教学的基本策略

写作教学要面向学生真实而具体的困难。

（一）学生写作的三大困难

我国中小学写作面临的问题主要有三个。1. 不想写：绝大多数学生对作文不感兴趣；2. 没的写：没内容、没素材、没东西可写；3. 不会写：没有词句、不会表达、不会构思文章等。

这三个问题，一关乎"为什么写"（即兴趣、动机）；二关乎"写什么"（即写作内容）；三关乎"怎么写"（即写作技法）。从写作发生学角度看，三者中任何一个问题都影响着写作的顺利进行；同时，三者又有先后主次之分。我们认为，写作教学应该先解决"为什么写"的问题，再解决"写什么"的问题，最后解决"怎么写"的问题。

这些问题是由学生写作的主要矛盾即"学生现有的写作经验"与"这一次写作任务"之间的落差造成的。"学生现有的写作经验"包括：学生的写作动机、现有的生活积累及表达水平；"这一次的写作任务"包括：题目的要求、相关话题信息、生活经验、这次写作所需技能。写作教学要填补"学生现有经验"与"这次写作任务所需经验"两者之间的落差。这些需要填补的经验，填补的过程、方法、策略等构成了写作教学的核心内容。如下图所示：

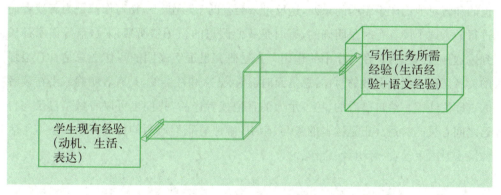

学生写作的主要矛盾是写作所需要经验与现有经验的落差

具体来说，学生写作的主要问题表现在以下几个方面。

问题之一：缺失交际语境

过去我们以为，写作就是"文章制作"，这是非常狭隘和片面的。其实，写作同说话一样，是面向明确或潜在的受众表达交流的行为和结果。写作不仅是字词句段篇的制作，实质上是作者和读者之间的对话交流。

写作时，作者总是揣摩并分析读者的需求和已有的知识经验，根据表达意图，选择话题和信息进行交流。在这里，读者、目的、意图等交际语境要素决定着对写作的内容、体裁、语言等一系列的安排。这也就是说：我们在写作时，写什么、怎么写和为什么写，是受交际语境制约的。简单地说，就是"语境决定语篇"。

"写作任务语境"包括读者、目的、角色、话题、语言等要素。这些要素一直没有引起我们的高度重视。它们是写作真正重要的"潜在的动机资源"。

写作动机有实用的、审美的区别。写作的动机目的不同，文章的内容、体裁、语言、表达也就不同。正是交际语境要素的选择、互动、触发，导致了意义的生成和语篇"赋形"。

写作是作者基于交流需要，通过假想的方式，与不在场的读者或读者群，进行书面对话的过程。这个过程，不像听说近乎人的本能，可以自然发生；写作是一种具有较高难度的语言技能，如果没有较强的目的动机，很难启动完成。写作行为的启动与维持，除一般活动动机外，还需要"写作任务语境"的潜在力量。它其实是一种语境感知、想象、还原、塑造的能力。写作任务情境是写作活动启动、推进、完成的最根本动力。

斯皮维认为写作不仅是书面符号的表达，而是与读者共同完成的一场"意义建构"。她从读者要素出发指出：读者对作者具有重要的启发价值，能成为作者表达创造的有力工具。正如许多老师所意识到的，一旦作者能预想出读者们已知的、想要知道的和将对他们产生影响的东西，这反过来会有助于写作。一切写作都是为着读者而进行的。这个读者有时是明确的，有时是我们假想的。托尔斯泰、朱自清等作家都谈到过这种"读者意识"在写作中的作用。大量研究也证实高明的写作者总是具有很强的读者意识。绝大多数的写作，总是面向别人、公众和社会的，是有着明确或潜在读者的。即使纯粹写给自己看的、秘不示人的日记或者作品，我们也可以看做是自己与自己之间心灵的对话。正是读者的参与、牵引、塑造着我们所写的作品。读者是写作活动最重要的启动者、牵引者、合作者。

【要点评议】

　　我国写作教学，一直存在着这种倾向：忽视读者在写作中的作用，忽视写作活动的交际语境功能，而专注于文章的制作。这种只问结果，不问动机，不问过程的写作，已经使中国的写作教学成为一种不涉及实际交往功能的"虚假写作"。它是学生"不愿写作文"和作文成为"老大难"问题的根本原因。

问题之二：没有内容可写

学生写作"没内容可写",原因很多。其中最典型而又似是而非的说法是"学生缺乏生活"。的确,写作有一个必要条件:作者必须具备与所写话题相关的生活经验、事实、信息百科知识等。这就是"巧妇难为无米之炊"的道理。

基于此点考虑,目前写作教师往往采用"搞活动"或者"制造生活"的办法来教写作。如通过现场游戏、观察、感受,像吃西瓜、擦皮鞋、讲故事、放音乐、看图片、做实验、做动作、演小品、静物写生、野外活动等模拟或制造一段生活来弥补学生生活阅历的不足。这自然可以。可是,在这里我们忘了一点:学生真的缺乏生活吗?他们时时刻刻都在"生活"之中啊。家庭、学校、读书以及各种活动都是生活,其中应该有无数的信息、资料、思想可供写,其中任何一点都可足够写成一篇文章的。

【观察者点评】你是否也如此教写作?效果如何?

再说,有时这种活动或直接制造生活的教学方式也并不见效。比如秋游结束了,可很多学生还是写不出作文来,原因何在呢?其实,"注意、激发和转化"才是关键。生活、活动、信息,只有被注意、激发并转化、加工之后,才能化为写作内容或材料。信息加工写作心理认为:写作是信息的搜集、加工、处理的过程。作文所涉及的主要内容主要是储存在作者长期记忆里的。这些信息有的是平时所累积的各种生活经验、人生阅历,有的是阅读、思考或各种闻见所得,平时处于潜藏闭锁的状态,必须有一个动机或外界触动,才能激活、提取、加工。

文与可画竹之所以能"振笔直遂"、"胸有成竹",固然是因为他有关于竹子的大量真实信息,但是更关键的是他能将眼中"真实之竹"转化为"胸中之竹",进而变成了"手中之竹"——写作不仅要有真实的生活,更要有"作者经验了的生活"——即经过作者内心感悟、加工、提炼、重组、再造了的生活。在这里,体验是将直接生活转化为写作内容的"加工厂"或"转化器"。

写作即经验的改造。 写的过程是搜集、再现、重组生活经验的过程,也是重新体验、生成、再造生活经验的过程。并不是我们积累够一定材料之后才去写,通常我们是"通过写作"来做事、交流、生活、思考、探究、学习、工作。写的内容就在写的过程之中。在这个过程中,因为交流的需要,无限丰富的物象、意象、思想、人物、事件,被语境激发出来并被澄清、定型、呈现。这些因为交际需要所激发出来的东西,既是交际的资源和信息,又是写的内容和结果。当你体验、思考、探究并交流的时候,写作内容也就源源

主题学习工作坊

不断地被催生出来,写作也就发生了。可以这么说:学生写作有可能是由于其生活或阅读不足造成的,但很可能主要不是这样。

学生没内容可写主要是由于他们"不会转换"造成的,是因为缺乏对生活进行唤醒、激活、体验、加工、转换、再造的能力造成的。因此,写作教学的关键问题是:如何帮助学生学会将"外在的生活"转化为"内心的生活",如何让学生"体验生活"并形成一种"经验了的生活"。换句话说,就是:写作教学要教学生"通过写作"去体验、去分析、去思考、去表达、去交流、去学习、去做事——当他们学会以这种"准写作状态"生活、学习、做事时,写作教学的任务才算完成了。

【要点评议】
　　写作教学的重要任务是:培养学生唤起、生成、转化已有生活记忆和经验的能力。正基于此,写作才是认知训练、思想训练、审美训练,进而是一种生活训练、做人训练。在这个意义上,"作文即做人"才有意义。

问题之三:不知道怎么写

写作最终当然需要将"经验了的生活"转换为"书面语篇"。这也就是将获得的意义、思想转换为语词、句子、段落、篇章表达呈现出来。写作一般要经过"物→意→文"的三级转换,要顺利实现"从意到文"的转换主要靠语言表达能力。

学生"不会表达"的原因有:字词不会写,句式不会用,缺乏篇章结构样式、表达技巧等。这些都属于学生"语文经验"的缺失,需要通过语文教学和学生自己的读写活动来解决。

以上,我们分析了学生写作面临的三个主要困难。

如何解决这些困难?交际写作是一种可能的路径。

(二)交际写作教学的基本路径

1. 分析写作任务的交际语境,启动人的内在言语表达机制

从动机理论看,人的写作动机非常复杂。然而真正直接起作用的是:"这一次写作任务"所面临的"写作交际语境"所触发的认知内驱力。

你的读者是多种多样的,他或许是你最亲密的朋友,或许是些不知名姓从未谋面的陌生人。这一切便形成了来自以下各方面的选择(有意识的或潜意识的):你的经历,你作品中所代表的自我,以及用于传播书面信息并称之为语码的结构和语言。因

此,写作就是一种选择行为。皮特·科德将"交际和意义"连起来思考,认为"交际"产生"选择",而"选择产生意义"。①

例如,我们经常让学生写《给_____的一封信》。可如果学生不明了写信的对象及写这信的目的,这信其实是很难写的,硬写的话,只有瞎编,也没意义。而如下命题就大不一样②:

一本地公司赞助了你学校一笔钱以资助教育参观。请选择一个你们班级想去的地方。给你的校长写一封信,劝说他同意支付一些钱用于你们的参观。

在这个作文题中:写作的对象(读者)——校长;写信的目的——"劝说";话题——申请资金进行教育参观;体裁——写一封信,若干交际语境要素交代得非常具体。当写作者面对这样的作文命题时能够非常清楚地知道:要说(写)什么、怎么说(写)、最后达到什么目的。我们认为这样的写作是具体的、真实的、有意义的表达和交流。正是这种交际语境的真实具体,激发起作者的写作动机,才使得写作交流得以顺利地启动、进行、完成。

教师教作文时,先要教学生分析、探究、还原、想象这个作文题(任务)的交际语境。这种对写作语境的分析、探究、想象、设计能力就是写作审题能力。审题能力就是去全面而准确地分析、判定写作任务语境要求的能力;构思是寻找并设计出一种恰当的交际样式的能力;表达是构造出"适合这一特定语境要求的语言样式和语篇形态"的能力。一句话,写作能力其实就是一种基于语境的自如恰当交流的能力。

2. 填补学生生活经验和写作经验,生成写作内容

(1) 填补学生的生活经验

首先,可以通过"搞活动"等方式帮助学生获得与写作话题有关的直接生活经验。这是目前"活动式"作文常见的做法。这样做,写作材料缺乏的问题当然可以部分地得以解决。其次,可以通过阅读等方式,获取与写作话题相关的间接生活经验。另外还有"话题讨论"、"专题阅读"、"资料梳理"、"调查访谈"等。

(2) 唤醒学生的生活经验

从理论上讲,学生作为一个不断感知的人,大脑中储存着无限丰富的信息、记忆、感受。任何一个孩子现有的生活经验、情感经历、心理活动等,都足够去写许多篇"作

---

① 张莹. 成品写作法向过程写作法的嬗变[J]. 外语研究,2006(6).
② National Writing Project and Carl Nagin. *Because Writing Matters: Improving Student Writing in Our Schools*. San Francisco, CA: Jossey-Bass, 2003:22.

文"了。学生之所以没东西写,不是因为大脑中没东西,而主要是没有学会将所拥有的东西激发出来,并适时适当适式地加工转化为写作内容和材料。

王崧舟的作文课《亲情测试》是指导学生激活生活并进行内容转化的经典案例。① 这节作文课设计了如下四个环节：① 写下五个亲人的名字；② 回忆与他们相关的故事；③ 写一段文字,然后读出来交流；④ 划去一个人的名字。

这节课中王老师运用情境创设、回忆联想、记叙交流等手段,帮助学生激活了关于亲情的话题；又通过暗示、渲染、聚焦、放大、情境体验把这个话题具象化、细节化、条理化、情绪化。通过他的教学,学生将过去视而不见、习焉不察的生活转换为新鲜生动的生活故事、浓浓的亲情,进而变成写作内容。当学生以这样一种新的视角和感受,"重新体验一番生活"时,就进入了一种"准写作"的亢奋状态,那些与亲情有关的故事、细节、情感通过课堂交流自然而然地变成了写作素材,写作因而水到渠成。

其实大多数的写作内容,通过想象等手段都是可以生成的。当然如果学生真的想象不到某些生活内容和场景,教师命题时可以避开。中小学写作教学只需要写学生已有的熟悉的生活就行了。

【要点评议】
启示：学生在写作中如果缺乏信息,可通过技巧性地转换题目和教学活动设计来弥补。

(3) 教给"生成写作内容"的策略

写作教学要教给学生激发、提取、转化生活的方法策略。如"头脑风暴"、"想象"、"联想"、"摄取"、"发散图"、"思维图"、"列提纲"、"查资料"、"做调查"、"做访谈"、"5W1H"提问等,都是有效地触发、搜索、提取、转化、生成、组织其生活经验的有效写作策略。

3. 弥补语文经验的不足,训练语言表达技能

所谓"语文经验"是指学生在语文学习中所积累的范文、语感、语识、语式、措辞以及其他语言表达的经验。这些语文经验的缺乏,表现在学生作文中是不能准确连贯自

---

① 转引自：教育部基础教育司语文课程标准研制组编写.语文课程标准解读[M].武汉：湖北教育出版社,2004：73-74.

如地表达,不能实现"意→言"之间高效自如地转换。

解决学生语文经验缺乏即"不会表达"的问题的关键途径有如下几点:

(1) 提高语言表达能力

研究表明,学生整体的写作水平与语言技能水平相关。Santos(1988)、Astika(1993)、Engber(1995)发现词汇量与写作质量显著相关,词汇量水平最能说明写作质量。其他许多研究也表明学习者在写作中的许多困难是由于缺乏词汇造成的(Uzawa 和 Cumming,1989;Leki 和 Carson,1994;Raimes,1985)。[①] 词汇量的增加,并不一定必然地带来写作技能的相应提高,语法知识教学对于写作的促进作用也很有限,有时竟起反作用。在语言表达训练过程中,很重要的一点就是要处理好"语言形式"和"交际语境"之间的关系。语篇是语境的产物,衡量语篇表达是否正确、恰当、精妙,要以是否与交际语境交相辉映为标准。

(2) 训练文体思维能力

写作是一种书面语篇构造,是有一定样式的。叶圣陶曾在《文体》一文中指出:"写作文字,因所写的材料与要写作的标的不同,就有体制的问题。"从语言学角度看,文体是"语言模式、语言秩序、语言体式"。在认知心理学视域下,文体可以解释为一种"文章图式",这是围绕某一个主题组织起来的信息的表征和贮存方式。文体其实就是人们读解和创作文章的信息模式和认知图式。某一类文体的诞生,可能是因为某篇(类)知名文章的广泛传播,成为大家认可并遵循的认知模型固定下来而成为"言语体式"。多读可以促进写作能力的发展。多读书可以帮助学生积累言语文体感,形成文章图式认知,进而再转化为文体思维和建构能力。

(3) 培养语篇构造能力

写作的"语篇营构"环节主要围绕"写作是特定交际环境所孕育的具体的语篇"这一原理展开,最终落实在这一语篇的"赋形"即主题、材料、结构、语言的呈现上。如果阅读是由语篇到语境的意义获得过程,那么写作就是一个通过写的语境分析,了解写作任务的"认知语境",最后通过字词句段篇的排列建构出"语篇成品"的过程。实践证明,在构造语篇过程中,利用"簇型图"、"比较和对比图"、"环形结构图"、"鱼骨图"、"框架互动图"、"蜘蛛图"、"新闻倒金字塔"等帮助学生展开思考,搭建思维框架,有利于形成学生的文体感、文章图式认知和建构能力。

---

① 参见刘锡庆. 基础写作学[M]. 北京:人民教育出版社,1985.

问题研讨

"交际语境写作"理论对于我国写作课程与教学究竟具有怎样的理论和实际意义呢?你是否认同下列我们对这一写作理论的主要观点和作用所做的梳理?

1. 它主要是针对写作教学中存在着的"不愿写、没的写、不会写"等问题,具有重要的理论和实际意义。

2. 它赋予写作活动充分而具体真实的言语动机,有效解决"学生不愿写"的问题。语境要素如话题、读者、目的的交互作用就是最重要的动机源泉。

3. 它能有效解决写作过程中的思维和内容创生问题,解决"没的写"的问题。因为语境要素之间的对话过程就是内容的生成过程。我们总是针对读者需要提供他所需要的信息,并对他(她)进行对话交流。这种对话交流过程就是写作内容、材料产生的过程。

4. 它能有效解决"怎么表达"的问题。因为只有符合具体语境的表达才是对的、好的、得体的。这就可以克服滥用文采的虚假表达现象。

5. 它对"生活写作"、"跨课程写作"、"探究写作"、"创造写作"、"基于内容的写作"具有理论指导意义。因为这些写作都是有具体交际语境中的写作。

6. 它可以解决困扰我们的应试写作问题。在命题时,只要加入具体的交际语境条件的限制,就可以克服"宿构作文"、"假话作文"、"文艺腔作文"、"小文人语篇"等作文教学的问题。

总之,基于交际语境的写作有利于培养学生真实多样的语言运用能力和交流技能。这种写作教学要尽可能还原或营造真实、具体的语境,倡导在"真实世界中写作"、"在真实学习中写作"、"在具体的应用中写作"。它无疑是培养真实写作能力和语言交际能力的正确途径。"交际语境写作"所需要和所培养的正是当代全球化、信息化、联通化时代工作生活学习所必需的传播交流技能。

基于此,我们说,"交际语境写作",是解决我国写作教学问题的科学理论,是我国写作教育理论与实践的发展方向。

资源链接

1. 郑建周. 交际写作教学论[J]. 语文学刊,2008(2).

2. 荣维东. 谈写作课程的三大范式[J]. 课程·教材·教法，2010(5).

3. 魏小娜. 国外"真实写作"的研究及启示[J]. 中小学教师培训，2010(8).

4. 叶黎明. "真实写作"是中学写作教学的出路吗？[J]. 语文学习，2005(11).

后续学习活动

如下是两个国外写作题目，请你依据交际语境写作原理简要加以分析。

1. 为到费城旅游的旅客制作一张旅游指南。集中表现富兰克林的成就，并包含一些有关历史古迹的照片。①

2. 向一位没有见过你的房间的同学描述你的房间。你的描写应该包含足够的细节，这样同学们读你的文章时，才能知道你的兴趣、爱好和追求。事实上"屋如其人"。读这篇文章的人将会了解到你这个人。你的作文会张贴在教室里供大家阅读。

---

① 洪宗礼，柳士镇，倪文锦. 母语教材研究(第六卷)外国语文课程标准译介[C]. 南京：江苏教育出版社，2007：410.

功能性写作学习

> **专家简介**

　　周子房，华东师范大学教育科学学院学科教育（语文）专业博士，主要研究领域为中小学写作教学，现为上海知明教育信息咨询有限公司教学总指导。

　　先后应聘担任中国教师研修网 PCK 高级研修班（语文）授课教师、全国中学语文"活动式"教学实验研究中心指导专家、上海师范大学中小学语文"国培计划"项目培训专家、华东师范大学网络学院中学语文"国培计划"项目培训专家、浙江省高中语文教师培训专家、浙江省小学语文教师培训专家。

> **热身活动**

　　学习本专题之前，您应当思考如下几个问题：
1. 下列对写作行为的认识，你最认同那一项？（　　）
　　A. 写作就是写出一篇完整的文章　　B. 写作必须考虑读者与写作目的
　　C. 写作是作者内心的自由表达　　　D. 写作是具体语境中的交流
2. 你认为在写作过程中最重要的因素是（　　）
　　A. 写作对象与目的　　　　　　　　B. 语言表达能力
　　C. 思维能力　　　　　　　　　　　D. 谋篇布局能力
3. 你是否思考过写作学习为什么需要具体的情境？

学习目标

通过本专题的学习,您应该能够:
1. 简洁说明功能性写作学习的两种基本取向。
2. 根据写作学习目标设计写作任务情境。
3. 根据学情设计写作学习任务。

讲座正文

一、什么是功能性写作

在真实的生活世界里,写作一定是功能性的,是为了特定的读者、为了特定的目的而进行的交际活动。

写作是为了读者的写作。"每个写作的人都是写给某人看或为某人而写,不管他心目中的读者对象不明确到何等程度。"[①]读者的存在类型十分复杂,他们既可能是个体的,也可能是群体的;既可能是明确的,也可能是不明确的;既可以是他人,也可以是作者自己。作者自己作为读者,指的是文章是写给作者自己看的情况,比如秘不示人的日记、备忘录、课堂笔记等等。

写作是有特定目的的写作。写作的目的是指作者期望写作要达到的效果,是写作的意图与用途。每次写作都有一个或多个目的,比如,我们的写作可能是传达信息、融通感情、发布经验、唤起行动,可能是宣泄不满,也可能是为了娱乐等等。"写作目的"究竟有多少?安东尼·海恩斯在其《作文教学的 100 个绝招》一书中认为,写作目的可达 102 个之多,例如:

> 【要点提炼】功能性写作的两大特征:为了特定读者,具有特定目的。

为了道歉,为了控诉,为了应用某物,为了宣布某事,为了评价,为了安排,为了表

---

① (英)S·皮特·科德著,上海外国语学院外国语言文学研究所译.应用语言学导论[M].上海:上海外语教育出版社,1983:26.

达,为了询问,为了感慨,为了写遗嘱,为了禁止,为了敲诈,为了取消,为了庆祝,为了挑战,为了核实,为了声明,为了澄清,为了安慰,为了解释,为了沟通,为了抱怨,为了隐瞒,为了确认,为了使人迷惑,为了关心,为了使人信服,为了纠正错误,为了批评,为了决定,为了宣称,为了定义什么,为了诈取什么,为了描述什么,为了表达不同意,为了阻止什么,为了表达异议,为了装模作样,为了鼓励某人,为使什么可能发生,为了开导谁,为了娱乐,为激发起什么,为了惊叹什么,为了给什么找借口,为了解释什么,为了探索什么,为了揭示什么,为了传达什么,为了使什么广为人知,为了引导,为了说明,为了加强印象,为了施加影响,为了使人知道,为了提示某人,为了玩笑,为了评判,为了销售,为了误导,为了讲故事,为了商议,为了记录,为了引起注意,为了使人为难,为了预订什么,为了说服谁,为了抛弃,为了安抚,为了延迟,为了预言,为了组织,为了保护,为了质疑,为了检测,为了复述,为了表达极大的愤怒,为了责骂,为了反驳,为了详细叙述,为了拒绝,为了提醒,为了否认,为了提要求,为了做总结,为了计划什么,为了使人被诱惑,为了卖东西,为了分享,为了教授什么,为了告诉谁什么,为了思考,为了威胁,为了交易,为了训练,为了促使什么,为了警告什么。

> **请写出功能性写作学习的双重取向:**
> 1.
> 2.

这些不同的目的,往往决定了不同的写作内容与写作方式。

明确了写作的功能性特征之后,可以进一步明确功能性写作学习的基本特征。一般而言,功能性写作学习具有如下双重取向。

一是学习取向,其目的是指向学习者对写作知识、技能和策略的掌握,指向写作能力的提高。二是**交际取向**,写作任务的设计与人们在日常生活、工作、学习中运用语言文字来传递信息、交流思想、表达情感的写作活动趋于一致,具有特定的功能情境,有具体写作目的,有明确的读者。因此,**写作学习任务既具有学习情境,又具有功能情境,正是这种功能情境成为写作知识、技能和策略的应用情境。**

二、什么是写作学习任务

在活动理论视域下,活动、任务和情境是三位一

> **【要点提炼】**写作学习任务本质上是一种活动情境。该情境融汇写作学习目标、写作学习内容。

体,密不可分的。任务就是活动,任务就是人们在日常生活、工作、娱乐活动中所从事的各种各样有目的的活动。任务必然包含特定的情境,情境就是指任务的结构以及与任务相关的活动目的和社会环境。因此,可以这样界定写作学习任务的概念:融汇写作学习目标和学习内容的活动情境。

写作学习任务的主要构成要素包括:话题、读者、目的、呈现形式、交稿时间与篇幅。

1. 话题:话题即通常所说的写作内容,关涉写作"写什么"的问题,它是写作学习任务情境中最显见的要素。对写作者而言,话题可分为自发生成和外在要求两种。自发生成,即写作者基于自身的生活经验所选择的写作题材和内容;外在要求,即写作者根据特定的写作要求完成指定的写作任务。在写作学习中,要鼓励学生多写自发生成的话题。但为锻炼学生的写作能力,往往也需要布置一些有特定要求的话题。

【要点评议】

读者意识对所写文章的主题、材料、内容甚至语气、措辞的选择都将产生重要影响。

2. 读者:即写作所预想的明确或潜在的阅读对象。在写作学习中,往往要预想不同的阅读者,比如同学、教师、父母、老年人、报刊编辑等,预想的读者会影响写作内容的选择和行文方式的变化。所以在设计写作学习任务时就必须明确谁是读者,必须注意培养学生的"读者意识"。所谓读者意识,就是指写作时心中存有的倾诉或交流的对象。这是一种成熟的高级写作能力的体现。例如,以往教师在教学记叙方法时所提及的"详略得当"经常会使学生感到困惑:什么叫"详略得当"?什么时候要"详"?什么时候要"略"?增多少叫"详"?减多少为"略"?似乎都是玄而又玄的问题。但是,如果引入"读者意识",就可以很容易让学生掌握这一知识。以介绍一所学校为例,如果读者对象是即将进入该校读书的新生,那么介绍学校历史、学校格局等方面不妨详细;如果读者对象是毕业有年的校友,则应该重点介绍学校的近况及母校在校友毕业后所发生的变化。读者意识实质上是在写作过程中模拟了近似真实情境中面对面的"对话",可以成为创生或选择写作内容、写作方式的重要依据。

3. 目的:即写作要达到的直接或间接的目的。写作究竟是为了传递真实的经验还是想象的经验?是为传递信息给他人还是解释某种事物?抑或是为了说服读者相信某种事物或者采取行动?总之,不同的写作目的将决定写作形式的不同。在写作学习任务设计中,往往通过限制写作目的来培养学习者的"效用意识"或"目的意识"。

4. 呈现形式:写作任务往往需要特定的组织结构和呈现方式。在实际生活中,学术论文有学术论文的呈现方式和规范,商业文件有商业文件的呈现要求。在写作学习的任务设计中,为培养学生相关的写作规范意识,往往要布置一些有特定形式要求的写作任务。即使是没有特定的形式要求,也要在页边空白设计、标题呈现、插图说明和其他一般的呈现形式方面提出特定的要求,以保证写作目的能够有效实现。

5. 交稿时间与篇幅:写作学习任务还有一个完成时限的问题。明确交稿时间便于学生学会在规定的时间内有效地进行写作的时间分配。与完成时间紧密关联的还有一个篇幅的问题。即使没有特定的篇幅要求,也要学生考虑与写作话题、读者和目的相匹配的写作篇幅问题。

在上述写作学习任务情境的诸多要素中,话题、读者和目的是关键要素,它们决定了写作学习任务情境的基本状况。因此在**进行写作学习任务情境设计时**,应当**明确写作的话题、读者和目的**。

我国目前写作学习任务情境设计的普遍问题是关键要素不全,往往只有"话题",而没有特定的"读者"和"目的"。所谓的读者就是教师,教师往往只是学习的评价者而不是真正意义的读者;写作的目的更不明确,往往是为了获得分数或其他评价结果。

【反思】

正常的写作,一定是为了达到某一特定目的,为特定读者而进行的实践活动。但是,许多语文教师对此却没有正确的认识。你曾认真思考过如下问题吗?

1. 学生写作的阅读对象是否只是语文教师?
2. 课堂或考场是否成为你的学生写作的唯一情境?
3. 作文分数是否已经成为学生写作的唯一目的?

如果你的回答均为"是",那么,你的学生所进行的写作学习一定不属于功能性写作学习。因此,写作教学应当恢复写作学习的功能性,要使学生正在学习的写作变成具有某种具体用途、针对具体的读者对象、能够达到某种交际目的的"真实"写作。而培养学生的读者意识和目的意识则是进行功能性写作学习的基本路径。

三、如何设计写作任务情境

写作一定是在某种情境下的写作。

写作的情境既规限了作者的选择,又使作者的选择明确化。

写作学习也是情境性的,因此在写作学习过程中,为顺利完成写作学习任务,就必须设计合宜的写作任务情境,从而使得作者在写作中可以就某种特定的话题为了某种特定的原因向特定的对象传达某种想法,可以根据资源掌握的情况实施调查,或者根据特定的篇幅要求、交稿时间的限制与特定文稿呈现形式要求做出自己的写作选择。

【观察者点评】你能举例加以说明吗?

(一) 写作任务情境的基本特征

写作任务情境具有如下三个主要特征。

1. 真实性

写作学习任务情境具有真实性。**任务情境的真实性意味着该情境是解决问题的有意义的情境。**真实的任务情境涉及实践者或专家在解决真实问题的情境中的一切活动,而不像学校传统教育中那种简单的模拟学习过程。**真实的写作学习任务情境,就是指写作学习任务中的知识、技能和策略学习蕴涵了实际生活中的应用方式。**

写作学习环境设计中的任务情境应当是真实的、与实际生活相关联的和有意义的,它反映着社会文化中的写作的日常实践形式,多数情况下是在校外或模仿校外的情境。写作学习任务情境的真实包括**实际的真实**与**虚拟的真实**两种情况。

【要点评议】
　　设计写作学习任务情境必须基于真实的生活或拟真的生活。

真实的写作学习任务情境是接近或等同于真实生活世界本身的"情境"。这类任务情境一般不是人为创设的,而是"发现"和"利用"现实生活中"现成"的写作课程资源,使写作回归其运用的实际情境中,即在融汇有写作技能与知识的社会功能性的情境中,解决真实复杂的写作任务。真实的写作学习任务情境突出了写作内在固有的依存于背景、情境的和文化适应的本质。在这种"情境"下的写作,学校写作与真实生活世界的写作基本是合二为一的,具有真实的写作背景、写作任务、写作目的和读者。

例如,上海市特级教师皋玉蒂老师利用假期时间,带领学生走出教室,走出校园,在南京、西安、山东及江南古镇一带行走游学,用"以生命行走"的方式,引领学生走出"日常生活的栅栏",获得新鲜的生活体验,弥补精神上的缺失,从而为学生写作注入充盈丰沛的生命活力。皋老师的勇气无疑是值得佩服的,皋老师的这种引领学生"用脚步写作"①的特殊方式对曹杨二中的学生来说是合适的,也是十分有效的,但是对于我们国家大多数学校来说却不一定是适合的。虽然这种真实写作的做法在我国也有不少教师采用,但多数情况下操作起来比较麻烦,"成本"较大,有效但高耗。因此,还需要创设一种拟真的情境。所谓拟真的情境是指通过创设而产生的一种逼真的写作环境和氛围,其中写作的话题、写作的读者对象、写作者的角色、目的等要素,都必须是具体的、明确的。这种具有拟真情境的写作学习,同样可以发挥写作的真实交际功能。

2. 适切性

设计写作学习的任务情境是为了有效达成写作学习的目标。

【要点提炼】写作学习的任务情境的适切性指的就是写作学习的任务情境与学习目标的匹配性。

在教学实践中,教师教学设计的过程与学生参与学习的过程是互逆的。

教师的设计过程是:依据教学目标→设计任务→创设任务情境→引导学生进入任务情境。

学生的学习过程是进入任务情境→确立任务→完成任务→实现教学目标。教学的全程都应以教学目标为导向。因此,在进行学习任务设计时,教师就需要考虑任务情境与目标相适应、相匹配的问题。

李白坚教授有一个成功的设计可为例证。

拷贝不走样 ②

教学目标:准确的人物动作说明。

任务情境:让两个学生到教室外等候,不许"偷看"教室里的动静。另请一位学生上台来做一系列的动作(或者由老师自己做动作)。譬如,站在黑板左侧,拿起黑板擦

---

① 《语文学习》编辑部.特级教师作文谈话录[M].上海:上海教育出版社,2002:196-197.
② 选自李白坚教授提供的《小学快乐大作文阶梯练习》。

上下擦 7 下；然后，在讲台的右上角轻轻地放下黑板擦。再走到讲台右侧，先用左手摸左面的耳朵，再用右手摸右面的耳朵。最后向教室门走去等等。

教师请室内其他学生一边观察做动作者的一系列动作，一边快速将这些动作的每一个细节都记录下来。写作的要求是让外面的同学进来后，可以按照这些记录进行"动作"复制。

> 【要点评议】
> 　　这就是写作学习任务。而此前的一连串活动则是创设写作学习的任务情境。

让室外一个学生走进教室，教师请室内某一学生面对墙壁，慢慢地一句一句地朗读自己刚才的记录，而室外的那个同学则根据室内同学的记录作为指引，将原来的动作重新"拷贝"出来。

请仔细观察，"拷贝"动作的同学哪些动作是正确的？哪些动作差不多？哪些动作没做？而哪些动作却大大地走样了？大家对动作的记录情况进行第一次反思。

让室外另一个学生走进教室，教师请室内另一学生面对墙壁，慢慢地一句一句地朗读自己的记录，而室外的那个同学则根据室内同学的记录作为指引，将原来的动作重新"拷贝"出来。

请仔细观察，"拷贝"动作的同学哪些动作是正确的？哪些动作差不多？哪些动作没做？而哪些动作却大大地走样了？和前面那位比较，这个同学是做得好一些还是更糟糕了？大家对动作的记录情况进行第二次反思。

就近的四个学生互相讨论："拷贝"动作为什么会走样？讨论后，把刚才"拷贝"走样的原因一一写下来。

显然，课例所创设的写作学习的任务情境与学习目标"准确的人物动作说明"是匹配的。课例的成功之处在于活动的设计是围绕动作拷贝进行的，而且教师首先让学生明确写作的要求：外面的同学进来后，可以按照室内学生的记录进行"动作"复制。这种情境的创设能保证学生的注意力集中在"同学做的是什么样的动作"这一焦点上。

3. 适应性

教师在设计任务情境时，固然需要结合学生日常熟悉的生活情境，考虑学生原有的知识经验状况，加强学习内容与生活的联系。但是，由于写作学习是学生在校学习的重要组成部分,写作学习的主要环境应当是学校,是课堂。因此教师在设计写作学习任务时,还需要考虑任务情境是否适合在学校环境里进行创设的问题,这就是写作学习的任务情境的适应性。

在目前的条件下,立足于课堂与学校的功能来创设情境,是写作学习贴近真实生活世界的主要方式和途径。因此,"拟真交际语境写作"可以最大限度地发挥写作的真实交际功能,它应该是学校写作教学的普遍课程形态。

> 【要点评议】
> 　　真实性、适切性、适应性,这是写作学习任务情境的三大特征。三者之间关系密切。真实性是写作学习的前提,但这种真实性需要适切性与适应性的支撑:适切性是真实情境与写作目标的匹配度,适应性则是写作任务情境与学校大环境的匹配性。

(二) 写作任务情境的基本类型

1. 自我表达情境和与人交流情境

在真实的生活世界里,人们从事写作活动一般具有两种基本的功能,即自我表达和与人交流。我们可以根据这两种功能以谁为主的标准,将写作学习任务情境区分为两种:自我表达的情境和与人交流的情境。

【观察者点评】
你区分过这两类任务情境吗?

在自我表达的情境中,人们往往有一种自我言说的冲动和需要,这种言说一般并无特定对象,其目的仅仅就是为了表达出来,有一种见谁就想对谁诉说的渴望;而与人交流的情境则不同,其目的的主要不是为了表达,而是向特定的读者对象传递信息、阐释说明、劝导说服等等,表达在这里只是手段。虽然,人们常说自我表达就是为了与人交流,甚至说自我表达就是为了与自己进行交流,但是在多数情况下,这两者还是可以区分的,人们的表达一般以其中一种情况为主。

多数情况下,自我表达情境同与人交流情境无法截然分开,它们分别构成连续统一的两端,我们实际的情境设计往往是落在它们之间的某一点上。但是我们需要这样一种认识视角,从这一角度对写作学习任务情境进行分类能解开许多困惑,具有一定的理论和实践价值。通过比较,我们可以明显地看出,中西方在写作学习任务设计(包括写作评价任务设计)上是有较大区别的：中国注重"自我表达"，在作文题的激发和诱导功能上下功夫；西方注重"与人交流"，在写作任务的交际功能上用力气。造成这种局面的原因很复杂，主要是文化背景上的差异使然。

一些优秀教师的教学案例中有真实的自我表达情境设计和真实的与人交流情境设计。前者典型的如我国魏书生老师著名的"道德长跑日记"。后者如一位教师设计的"春游国清寺"主题写作活动，游前组织学生搜集隋代古刹国清寺各个景点的相关资料，进行导游词写作；游后组织学生为国清寺写名片，发放给来旅游的亲戚朋友，也发放给素不相识的游客。①

拟真的与人交流的情境比较好理解，如上海版语文课本第 7 册第一单元第一课中的"表达"部分——"请代课文中的'我'给'妈妈'(或'爸爸')写一封信，目的是增进'我'和'妈妈'(或'爸爸')之间的理解和沟通"；再如魏小娜老师曾提起过的一个课例，写作的任务是"假如学校要求所有的女生必须留短发，你是一位女生，拥有一头美丽的长发并且很爱自己的头发，那么请你针对这一学校纪律，给有关部门写一封信，表达你的意见和主张。"这两个案例中所创设的情境都属于拟真的与人交流的情境。

在教学实践中，写作学习的任务情境属于拟真的自我表达的情境的案例也不少，尤其在活动作文、游戏作文课例中更为常见。对于这种制造"写作内容"的活动作文，目前还存在一些争议，有学者不以为然，认为这是一种"伪生活"。② 这种认识是有失偏颇的。很多优秀的活动作文中的"活动"不仅能为学生提供"写作内容"，还能为学生营造一种自我表达的氛围。

课例一

亲 情 测 试

"亲情测试"是浙江省特级教师王崧舟的一堂争议颇多的作文公开课，这堂作文课的"残忍性"一度在网络上引起了热评。

在学生写作文前的 30 分钟里，教师设计和组织了一次特殊的亲情体验活动：

---

① 张敏.春游中的读写实践活动设计[J].上海教育科研，2010(6).
② 周子房.技能作文·活动作文·功能作文[J].当代教育科学，2011(4).

请大家拿出一张最干净的纸,在上面写下这个世界上你最爱的、最割舍不下的5个人。

拿起你们的笔,划掉一个。划去后等于这个人不存在了。

在剩下的4个人中划去一个。

在剩下的3个人中划去一个。

请你们再做一次痛苦的选择。把剩下的两个人全部划去。

教师通过简单的指令有节奏地把活动推向了一个又一个高潮,创设出了特定的"生死抉择"的情境,让学生在这种被媒体认为"不道德"、"残忍"、"疯狂"的"虚拟"的情境中,不停地回忆自己与最割舍不下的亲人之间生活的点点滴滴,不停地诉说自己选择时的内心的痛苦和煎熬。课堂后半段给学生15分钟写作文。

毋庸置疑,"亲情测试"所创设的情境就是一种拟真的自我表达情境。在这一情境中,学生具有一种强烈的诉说欲望,甚至到了欲罢不能的地步。进入这种状态的学生拿起笔来写作已毫无障碍,至于读者是谁也已显得无关紧要了。从学生的课堂表现和写作结果来看,课堂在创设情境方面是成功的。

课例二

做 哑 剧[①]

"做哑剧"是李白坚教授的一节经典"快乐大作文"课例。

上课后,教师首先必须宣布游戏的规则,那就是:"不许说话,不但你们不许说话,我也不说话。"上课学生不说话,本是天经地义的事,但是教师也不说话,却有些反常,这就不得不引起学生们的兴趣和注意。因为反常,因为奇怪,学生必然会全神贯注,而这一点,正促成了进行"观察"和"注意"的最重要的心理线索。

教师宣布倒计时,学生们一起喊道:"10、9、8……3、2、1!"这时整个教室突然变得一片寂静。学生们在寂静中更加感到游戏的不寻常。

教师在黑板上书"做哑?"再举着粉笔,示意请同学上来板书。这是给学生们的第一个问题——今天到底要干什么?如果同学们填写得不正确,将给游戏带来更多的神

---

① 李白坚.21世纪我们怎样教作文(中学版)[M].上海:上海教育出版社,2005:430-432.

秘感。

"做哑剧"的主题出现之后，本课可以说是抖掉了一个包袱。学生们虽然似乎明白了什么，然而更多的迷惑立刻就产生。因为教师突然伸出两个手指，示意请两位同学上讲台来。此刻，学生必定争相上台，猜想着教师葫芦里究竟卖的什么药。等到两个学生上来，教师请他们左边站一个，右边站一个，再走到教室的角落里，一圈一圈地不知道往手臂上在绕着什么。学生们的问题又出来了：教师在干什么呢？看不懂。

然后，教师"拿"着看不见的"绳子"，一"头"交给左边的同学，另一"头"交给右边的同学，并且握着其中一位学生的手臂，一圈一圈地"甩绳子"。大家这才猜出来了，原来是要"跳长绳"！谜底揭穿，必然又一次激起学生的兴奋。

游戏到此尚未完成。教师示意十几个学生上台来"跳8字长绳"。这下，作文课成了体育课，学生的情绪达到高潮。这也正是教师期待的状况。

在提供学生写作材料的时候，"做哑剧"的游戏还给予学生极大的感官刺激，让他们的大脑皮层尽可能强烈地烙下游戏的内容和经过，以便在写作时产生一个个的兴奋点，促进记忆——形象记忆和感情记忆——的出现。

"做哑剧"的"跳长绳"之后，还有一个哑剧是"拔河"。可以是5个对5个，也可以是10个对10个。学生们对此十分感兴趣。因为他们还从来没有玩过没有绳子的"拔河"。

此时，倘若教师再加以戏剧化的渲染，情况会更加有趣，孩子们会更加投入而且更加发疯。这就是一边选出10个高大的男同学，而另一边则选出十个又瘦又小的女同学，让这极不等量的两边进行比赛，而且还要在黑板上强调："女同学赢！"为了助兴，教师可以打开教室的大门，示意女学生把男学生们"拉"出教室去。

此时的课堂效果是不难预料的。小观众们几乎都站了起来，无声地欢呼着这非同寻常的瞬间。不可否认，这一幕给了学生们较大的刺激，此后的作文，大多数的学生都对此作了描述。

如果说王崧舟老师的"亲情测试"尚存争议的话，那么李白坚教授的"做哑剧"就是创设拟真的自我表达情境的范例。不难看到，"做哑剧"设置了一个典型的激起学生热情从而引发自我表达欲望的情境，这种情境同真实生活中人们在激动时想表达的情境相似。"做哑剧"的游戏活动有一个很好的诱导作用，那就是它的规则是"不许讲话"，而在进行游戏活动的学生往往因为激动而憋不住想讲话。按照李教授的说法，解决矛盾的方法非常简单，就是"在游戏结束之后，发给纸张，让他们把要说的话，尽情地倾吐在自己的文章里"。

2. 直生性情境和间生性情境

直生性情境与间生性情境是根据写作学习任务情境与写作内容之间的关系所界定的两种写作学习任务情境类型。为了明确这两种任务情境的区别,有必要先分析情境与活动的关系。

"情境"和"活动"是教育教学中经常使用,且和研究的关系非常密切的两个重要概念。人类的活动总是在特定的情境中展开,离开了情境,活动就失去了时间、空间和环境这一存在基础;而环境也只有在特定活动的展开过程中才变成了情境,活动使情境有了存在的价值和意义。没有不受任何情境规限的活动,也没有缺少主体活动的纯粹情境,很多时候一些人的活动往往会成为另一些人活动的情境。①

> 请举例说明直生性情境和间生性情境的区别:

写作学习任务情境必然与特定的活动相联系,而活动产生经验。在教学实践中,有这样一种写作学习任务情境,与之相联的活动所产生的经验直接构成了写作的主要内容,更准确地说,写作内容主要是直接来源于与之相联的活动所产生的经验,我们将这种类型的写作学习任务情境界定为直生性情境。

与之相对应,有另一种写作学习任务情境,其写作内容主要不是直接来源于与之相联的活动所产生的经验,但这种情境对写作内容的产生具有触发、引发或激发的作用,即通过触动写作主体的情感、激活写作主体的思维,从而使写作主体产生联想、想象、推理等思维活动进而创生写作内容,我们将这种类型的写作学习任务情境界定为间生性情境。下面我们来看课例三中所设计的任务情境的特点。

课例三

春天在哪里?②

1. 请你走出教室,在校园里找一找,看一看,春姑娘有没有在树叶上、在小花、小草上留下她的颜色呢?你找到了什么?请写下来,告诉大家。(时间:5分钟)
2. 请仔细地看看这些花草、树叶的颜色,用鼻子闻闻这些花草、树叶的气味,

---

① 谢利民.教学设计应用指导[M].上海:华东师范大学出版社,2007:137.
② 选自李白坚教授提供的《小学快乐大作文阶梯练习》。

用手指轻轻触摸这些花草、树叶,看看它们是软的,还是脆的?是嫩的,还是硬的?是湿湿的,还是干干的?然后,把你观察到的内容都写下来。(时间:10分钟)

3. 你仔细地看过、闻过、摸过这些花草、树叶后,再努力想想,你有没有读过有关春天的古诗,有关春天的歌曲呢?如果有的话,能够把它写下来吗?(时间:10分钟)

4. 请你回忆刚做过的活动。如果要把刚才的活动记录下来,写一篇文章,可以出一些什么样的作文题目?(时间:3分钟)

课例三最突出的特点是,活动和写作交替进行,环节1、环节2和环节3都是先在校园里进行户外观察活动,然后让学生写下观察的结果。这种形式在活动作文、游戏作文中大量存在。在实践中,也有不少情形是先完整地进行活动,然后让学生记录活动的过程和结果。这个课例中所设计的任务情境最突出的特征就是通过引入外部的实践活动,让学生获得相应的经验,并以这些经验作为主要的写作内容。这就是直生性情境。

在教学实践中,直生性情境和间生性情境有时无法截然分开,往往是你中有我,我中有你,在它们之间有许多的模糊地带。例如,在直生性情境中,往往涉及外部实践活动的引入,而这些活动不但能产生新的经验,还会唤起原有的经验。课例三中第三个环节"你仔细地看过、闻过、摸过这些花草、树叶后,再努力想想,你有没有读过有关春天的古诗,有关春天的歌曲呢?如果有的话,能够把它写下来吗?"就是一例。严格来讲,单就这个环节所涉及的任务情境应当属于间生性情境。我们在把握时,应当考虑其主要方面,因为从总体上讲,课例三中写作的主要内容直接来源于其活动所产生的经验。更为重要的是,在实践中我们把所有的任务情境类型严格区别开来,既无必要,也无可能,我们需要的是这样一种思维视角。有了直生性情境和间生性情境的分类,我们就必然会思考任务情境与写作内容之间的关系,以此为基础,我们才能进行针对性更强的教学策略设计和学习支架设计。

> 功能性写作学习任务可分为四大类:自我表达情境、与人交流情境、直生性情境、间生性情境。

(三)设计任务情境的基本路径

与真实情境和拟真情境相对应,写作学习任务情境的设置路径有两条:"利用"和"设计"。

1. "利用"真实情境

真实的写作任务情境一般不是人为创设的,而是"发现"和"利用"现实生活中"现成"的活动,将写作技能与知识融汇在解决真实复杂的任务的情境中设置而成的。

在这条途径中,利用的是现成的写作课程资源,它能使写作回归其运用的实际情境中去。对中小学生而言,他们在生活和学习中面临许多可以转化为写作学习契机的问题与任务。如,许多家庭经常出去旅游,学校也经常会组织学生到附近旅游,旅游就是一个很好的进行写作学习的机会。又如,我们还可以充分利用学校组织活动的现实语境(比如"环境日"),围绕一个现实话题,安排一次包括调查、读书(含网上查找和阅读)、研究、写作在内的真实的实践活动,先后形成包括正面或反面的调查报告,结合生物、化学等课程研究环境的小论文,给有关部门的建议书等书面作品,并在展示和交流、报告和讨论、发表和提交中获得有效的反馈,并依据反馈开展切实的评价。在这些任务中,就可以非常自然地嵌入多方面的写作学习。这种在完成日常任务的过程中挖掘和利用其在写作学习和教育方面的价值,就是最为直接、有效和方便的手段。当然,对学校中的教师和学生而言,要对这些可以利用的问题和任务加以重构,对整个过程进行引导,这正是教师作为学习促进者的作用之所在。

2. "设计"拟真情境

"设计"拟真情境是指在学校课堂环境中对真实生活世界的"日常文化实践"本质进行再现。对现实生活世界的"日常文化实践"本质的再现,是学校教学逼近真实生活世界、学习向真实生活世界转化的最主要途径,但同时也是创设手段最复杂的途径。对学校写作教学而言,"文化实践情境"的创设也是解决逼近真实生活世界写作的重要举措。①

【要点提炼】设置写作学习任务情境的两条路径:"利用"真实情景、"设计"拟真情境。

具体到学校写作而言,"文化实践情境"创设要点体现为:创设逼真的写作学习任务情境。这里面包括选择适当的作者角色,创设真实的事件、读者、写作目的、体式要求,诱发真实的写作动机等问题。有教师在上海世博会期间,设计了这样一个写作任务:假如你是一名世博义务宣传员,需要遵照市政府的"穿睡衣睡裤不能上街"的倡议,写一篇劝说性的文章。② 这里就设计了

---

① 魏小娜.语文科真实写作教学研究[D].重庆:西南大学,2009:68-69.
② 荣维东.写作课程范式研究[D].华东师范大学课程与教学研究所,2010:154.

一个拟真情境。

(四) 设置任务情境的具体方式

情境总是与某种"活动"紧密相连,情境只有在特定活动的展开过程中才能变成情境,因此,活动成为情境形成的方式。

著名心理学家布鲁纳受到戴尔"经验之塔"(图1)的启发,把各种教学活动归纳为三大类,即动作性、映像性和抽象性活动①。他从不同的角度,设计了一个平行于"经验之塔"的说明性图解(图2)。

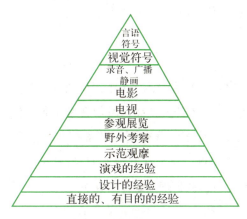 

图1:戴尔"经验之塔"　　　　　图2:"经验之塔"图解

如图2所示,动作性学习处在底层,包括了各种直接的、参与性的学习活动,学生必须亲身经历去获得真实的感受;映像性学习位于中层,这里涉及的是视听材料,就是说用直观表象代替了生活中的真实事物。布鲁纳在此使用"映像性"的字眼,既指形象直观,也指声音直观。显而易见,中间这一层所指的大体上就是我们国内所说的电教媒体;顶层是抽象性学习,这一层包括了"经验之塔"中最上面两层所涉及的媒体。我们借鉴布鲁纳的分类标准,将写作学习任务情境的形成方式分为基于动作性活动形成情境、基于映像性活动形成情境和基于符号性活动形成情境三类,它们具有各自不同的特征。

【观察者点评】你的写作教学是否经常采用此类情境?

1. 基于动作性活动形成情境

基于动作性活动形成情境是指利用或创设各种直接

---

① 叶立汉."经验之塔"理论及其现实指导意义[J].电化教育研究,1997(2).

的、参与性的活动形成写作学习任务情境的方式。这类方式又可以根据活动的性质进一步进行区分。

(1) 基于直接经验活动形成情境。

有目的的直接经验活动是一种有既定目标,通过直接参与真实事件,通过各种感官共同作用,从"做中学"的活动。通过这种活动所获得的经验最坚实,最具体,而且一经取得,往往不易遗忘。但是,要开展这类活动须花费较多的时间,效率较低。在教学实践中,有不少写作课是以有目的的直接的经验活动来创设写作学习任务情境的,如徐鹄老师设计的"生活中的作文——为社区做一件实事"[1]、"生活中的作文——送给朋友的画"[2]等。

(2) 基于设计的经验活动形成情境

设计的经验活动主要包括基于机械模型、模拟器的活动、游戏、个案研究等。基于设计的经验活动创设写作学习任务情境有十分广阔的开发空间。目前在基于游戏活动的写作学习任务情境设计方面,李白坚教授做了许多十分有益的研究和实践,如他设计的"道听途说"[3]、"小脑袋——大仓库"[4]等课例。但是在其他方面,特别是在将计算机设计的经验活动与写作学习活动的结合方面,我们尚需进一步研究。

(3) 基于演戏的经验活动形成情境

演戏的经验活动主要形式有戏剧表演、木偶、角色扮演等,尤以角色扮演这种形式最容易实施。基于演戏的经验活动形成写作学习任务情境的课例也有不少,如李白坚教授设计的"环境保护大会"[5]、"开办一个邮电局"[6]。

(4) 基于观摩示范活动形成情境

在观摩示范活动中,学生不是亲自动手去做,而是通过观看别人的操作去获得感性认识,加深对对象的印象,印证所学法则、原理的正确性,从而形成正确且深刻的概念,进而在观察的基础上进行分析、综合,得出正确的结论。基于观摩示范活动形成写作学习任务情境的典型课例有李白坚教授设计的"老师进入教室的10秒钟"[7]、前面

---

[1] 徐鹄.生活中的作文——为社区做一件实事[J].小学教学(语文版),2007(11).
[2] 徐鹄.生活中的作文——送给朋友的画[J].小学青年教师(语文版),2006(11).
[3] 李白坚,张赛琴.21世纪我们怎样教作文(小学版)[M].上海:上海教育出版社,2003:197-199.
[4] 李白坚,张赛琴.21世纪我们怎样教作文(小学版)[M].上海:上海教育出版社,2003:122-125.
[5] 李白坚,张赛琴.21世纪我们怎样教作文(小学版)[M].上海:上海教育出版社,2003:181-183.
[6] 李白坚.21世纪我们怎样教作文(中学版)[M].上海:上海教育出版社,2005:247-257.
[7] 李白坚,张赛琴.21世纪我们怎样教作文(小学版)[M].上海:上海教育出版社,2003:295.

引用的"拷贝不走样"等。

(5) 基于野外旅行活动形成情境

野外旅行活动是一种通过实地考察获得直接知识的活动。通过对真实事物的接触和感受,可以得到较高程度的具体经验。基于野外旅行活动形成情境的写作学习典型案例也不少,如上文提到的上海市特级教师皋玉蒂老师带领学生在南京、西安、山东及江南古镇一带进行的游学与写作;深圳南山实验学校举办的与写作结合的"山东游学"活动①等。

(6) 基于参观活动形成情境

参观活动是指依照一定教学目的,组织学生对实际事物进行观察、研究的活动,这种活动有利于巩固和验证已学知识,也可从中获得新的知识。通过参观,既可以扩大学生的视野,激发其学习兴趣,也有助于把获得的感性认识上升为理性认识。例如徐鹄老师的设计的"生活中的作文——形形色色的博物馆"可作为基于参观活动形成情境的写作学习的典型案例②。

2. 基于映像性活动形成情境

基于映像性活动形成情境是指利用或创设各种音像视听活动形成写作学习任务情境的方式。这类方式又可以根据活动的性质进一步进行区分。

(1) 基于影视活动形成情境

电视和电影基本处于同一抽象层次,但电视更为靠近现实,制作周期较短,能迅速反映各方面的动态,较之电影其可信程度也相对高一些,二者在塔上位置的差异,根由应在于此。电视、电影的优势是可以利用声音和色彩的变化以及各种特技、镜头剪接和蒙太奇手法,浓缩时空,虚拟现实,控制快慢变化,从而可以在受控情况下更集中、更典型地表现各种事物的形态、运动和变化过程。电视和电影的这些特点,正是我们在写作教学中所希望得到的,这对优化教学内容,大幅度提高教学效果的效率有不可低估的作用。在影视作文方面,浙江的夏伍华老师及所在的学校进行了较为系统的探索。③

(2) 基于静画观赏活动形成情境

静画主要指图画、照片、幻灯等静态图像。与电视、电影相仿,静画也属"观察的经

---

① 选自周子房 2010 年 11 月在深圳南山实验学校的调研记录.
② 徐鹄.生活中的作文——形形色色的博物馆[J].小学教学(语文版),2008(3).
③ 夏伍华.影视作文实施的基本策略[J].新作文(小学作文创新教学),2009(Z1).

验",也是二维平面的东西,但它不能表现事物的运动与变化,因而其真实性和空间感都比较差。静画的长处是可以"定格"事物在某一时刻的动作或状态以便充分观察和研究,能自定进度,播映时间长短可自由控制。写作学习中的"看图作文"就属于此类形成情境的方式。

(3) 基于录音、广播收听活动形成情境

录音、广播是指只作用于听觉的单纯的声音媒体,可利用语言、音乐、音响效果等不同形式营造直观声音。录音、广播媒体比文字要直接、具体得多,但没有影像、缺乏模像直观、注意力难以保持较长时间是声音媒体的共同弱点。浙江的郑宏尖老师的"小学音响作文教学实验研究"[1]就属于这方面的探索。

3. 基于符号性活动形成情境

基于符号性活动形成情境是指利用或创设各种视觉符号、语言符号的观察或阅读活动形成写作学习任务情境的方式。这类方式又可以根据活动的性质进一步进行区分。

(1) 基于视觉符号活动形成情境

视觉符号主要形式有地图、表格、图形等,通常附有说明性文字。在这个层次里,事物的原始形态不再出现,代以表征事物的只是一些抽象的符号。

(2) 基于言语符号活动形成情境

符号交际是最发达的交际,而语言作为标志一般的符号,代表了事物及其关系,本身具有概括性、间接性等特点,在所有传播媒介中是最抽象的。在写作教学中基于阅读活动形成写作学习任务情境的案例数不胜数。

【要点评议】
　　任务情境的形成方式分为基于动作性活动形成情境、基于映像性活动形成情境和基于符号性活动形成情境三类。

综上所述,我们已充分认识到**写作学习任务情境形成方式具有多样性特点,每一种方式都有其优势与不足**。在学理上对这些方式进行必要的区分是有价值的。一是便于我们认识到在进行写作学习任务情境设计时,方式和手段方面有多种选择的可

---

[1] 郑宏尖.小学音响作文教学实验研究[J].课程·教材·教法,2001(1).

能。二是便于我们根据学生的年龄特征进行选择。一般而言,越是低年级,越是要选择靠近经验之塔底部的活动形成情境;到了高年级,为了教学的效率,才可以更多地选择靠近经验之塔顶部的活动形成情境。三是便于我们根据当下的状况,在设计时选择主要的突破方向。就目前的发展来看,不论在西文还是东方,写作学习的主要场所仍是课堂。在课堂学习中,动作性活动的展开是受到一定程度制约的,而单纯的符号性活动又同写作教学所要求的情境的"真实性"存在矛盾。但是如果我们基于现代信息技术,充分发挥多媒体和网络技术的优势,运用映像性活动或映像性活动与符号性活动相结合的方式来设计情境,这种状况会得到大幅度的改善。"录像提供的事件更为逼真、真实。它使得所呈现给学生的材料更具有活动性、可视性和空间立体性。而且学生们更易于在一个问题情境中形成丰富的心理模型。"[1]

在教学实践中,我们要**根据客观条件和学生状况进行精心的选择和设计**。我们只要有动作性活动、映像性活动和符号性活动大致的框架意识和各自的特征意识就足够了,不必过多考虑自己所选择的到底是哪一种具体的方式。同时我们不需拘泥于某一种方式,可以根据需要进行多种方式的组合运用,以求得效果的最优化。

【要点评议】

情境对于写作学习至关重要。

情境认知理论对写作学习任务情境设计具有重要的启发作用。

情境认知理论研究者认为:知识从根本上是处于实践之中的,学习不是"获得",而是"参与"。从情境认知理论看来,知识有三个特点:其一,知识是基于社会情境的一种活动;其二,知识是个体与环境交互过程中建构的一种交互状态;其三,知识是一种人类协调一系列行为,适应动态变化的环境的能力。

一方面,关于"情境"的具体设置和分类研究为学校写作与真实生活世界写作之间的沟通指明了方向,因此,学校写作与真实生活世界的写作之间的沟通就具备很大的必要性和可行性。

---

[1] (美)温特贝尔特大学认知与技术小组,王文静,等.译.美国课程与教学案例透视——贾斯珀系列[M].上海:华东师范大学出版社,2002:4.

> 另一方面,要承认学校写作与真实生活世界的写作还是存在许多不同之处。从情境认知理论来看,真实生活世界的写作更具有情境化和合作化的特点;而学校写作具有更多的目的性和计划性,更关注知识与技能的获得。
>
> 对于学校写作而言,能否充分考虑到写作与真实生活情境之间的互动,不仅是能否提高写作动机的重要措施,也是能否促进写作内容的生成和推进写作过程的展开的重要途径。

四、设计写作学习任务

写作学习者在学习过程中必然受到具体环境的影响,这种具体环境一方面表现为知识、策略、技能本身的应用情境即写作学习的任务情境,另一方面表现为主体情境,即学习者本身的知识经验特征。教师设计写作学习任务必须基于学习者的主体情境,要考虑学习任务与学生原有知识经验之间的关系,按照学生认知建构的规律进行安排与组织。

(一) 写作学习任务设计与学生的写作兴趣

写作兴趣根据写作的过程可以区分为写前兴趣、写中兴趣和写后兴趣。在写作任务设计时要考虑的主要是写前兴趣,这就是说,在设计任务时,要千方百计地激发起学生对任务本身的兴趣,将学生置入想说、想写、想表达的写作心境中去。也就是我们通常所说的,让学习者从"要我写"进入"我要写"的心理状态。

写作学习任务设计与学生实际生活需要相吻合是提高学生写作学习兴趣的关键。任务的设计要考虑写作的经世致用的价值。我们要更多地"利用"与学生生活相关度较高的真实情境来进行写作学习任务设计。同时还要关注学生精神情感方面的需求。无论是真实的还是拟真的情境,都能让学生体会写作的真正意义,从而激发他们的写作热情。

对于学生在特定的社会文化环境中形成的兴趣领域,在设计中应当以多种形式加以关照,满足学生的认知需求。

(二) 写作学习任务设计与学生写作内容的背景经验

设计学生的写作任务时,可以从横向的范围和纵向的时间两个维度来对学生生活经验的面进行区分。学生的生活经验包括他们与自然的交往、与社会的交往、与文化的交往等等。确定学生的写作内容指向就是要考虑学生如何协调这些不同方面的经验。学生的精力是有限的，写作话题内容的设计指向哪些经验更有价值是需要不断去明确的。

（三）写作学习任务设计与学生的表达经验

学生的书面表达经验比较复杂，根据上文的界定，包括"关于读者和目的（功能）的经验"、"写作过程经验"和"写作文体经验"。在写作教学的话语系统中，有一个"写什么"与"怎么写"的说法。根据波里特（Bereiter）提出的"表达过程"的图式模型进行分析，影响甚至决定书面语言生成的是两类经验和知识：一类是关于"写什么"的知识，即作者掌握和积淀的关于自然和社会的各种经验和知识，这也就是上文提到的关于写作内容的生活经验；另一类是关于"怎么写"的知识，即写作基础知识和运用知识的经验，包括词汇、语法规则、标点符号、文章构思、结构和体裁等知识和使用经验，它们就属于书面表达经验。有了这两类经验和知识的记忆，才能在包括文题在内的"需要"刺激下，由"主题"和"体裁"构成的"搜索器"开始对"记忆"进行信息搜索，取得信息，并确定其合理性。这里的书面表达经验大致处于"怎么写"的区域内。

【要点评议】

在写作教学中，学生的"写作兴趣"是写作的动力性条件，学生的"写作内容背景经验"是写作的前提性条件，而对学生"怎么写"进行指导则是写作教学的重点。

在写作教学中，如果说"写什么"要基于学生的生活经验，那么作为指导重点的"怎么写"就要基于学生的已有的言语经验。学生本身的表达经验，是学生进一步学习写作的知识、技能和策略的起点，是教师提供学习支架的基点。这是在设计写作学习任务时必须考虑的问题。

学生个体已有的言语表达知识和经验不仅是确定写作学习内容的起点，而且会对写作学习内容的学习过程产生影响。这一点，在设计写作学习任务时同样需要关注。至少可以从以下几个方面加以考虑：一是在写作任务的推动力方面，学习者相关的知识和经验中的困惑和内容可以成为激发动机的重要因素之一；二是个体已有的言语表达知识和经验，其中一部分在新知识、技能和策略的学习中具有支持性的作用，这方面的知识和经验虽然是教学设计者在设计时要考虑加以利用的东西，但是如果没有进行刻意的挖掘和激活，就不能成为学生学习新知识的重要文化资源；三是学习者已有知识和经验也可能对新的知识、技能和策略的学习产生干扰和抑制作用。①

【要点评议】
　　写作学习者的主体情境可以从写作兴趣、写作内容背景经验和表达经验这三个关键因素去把握。

五、设计写作学习任务的基本路径

(一) 基于学情调查进行写作学习任务设计

为了设计写作学习任务而进行的学情调查可以围绕学生的写作兴趣、有关写作内容的背景经验和表达经验展开。

进行学生写作兴趣的调查,其目的是找到学生写作的兴奋点,以保证设计的写作任务与学生的写作欲求相吻合,使学生能一触即发,不吐不快。这就要求教师经常、深入地了解学生的思想与情感需求,找出他们的问题与困惑,从中挑选出较有普遍性的写作任务。② 教师要在这方面有发言权,就一定要爱学生之所爱。学生喜欢看什么电影,教师也去看;学生喜欢读什么书,教师也去读。只有透彻地了解自己的学生,才能找到学生的兴趣之所在。如果教师自己把握不准,一定要听听学生的意见,不要凭自己的主观下结论。

调查学生有关写作内容的背景经验并不复杂,通过观察和提问一般就能了解。但是这种调查同样十分重要,不可忽略。相对而言,有关学生表达经验的调查较为复杂。一方面表达经验涉及面较广,另一方面表达经验在写作前是处于未实现状态,无法显示出来。因为学生已有的表达经验直接关系到写作学习内容的确定,所以对其事先把握十分关键。

为了方便教师掌握学生写作学习的经验状况,还可以借助学情档案。我们知道,学生已有的阅读和写作是学生表达经验的重要来源,问题是我们在写作教学时往往忽视学生已经阅读过的和写作过的文章,不会根据它们与眼前写作任务的关联性而采取一定教学手段来再次让它们发挥作用,让这些对学生而言十分宝贵的学习资源白白浪费掉,甚是可惜。

---

　　① 郑太年.学校学习的反思与重构——知识意义的视角[M].上海:上海教育出版社,2006:141-143.
　　② 潘新和.语文:表现与存在[M].福州:福建人民出版社,2004:1098.

（二）基于学生初稿进行写作学习任务设计

写作学习具有不同于阅读学习的一个重要特征，学生可以通过自己的作品外化自己的经验状况，便于教师了解和掌握。因此，根据学生完成的初稿确定新的学习内容是比较便当的。这就是有不少的专家和优秀教师在大力呼吁重视讲评课的根本原因。

对于"作前指导"与"作后讲评"两大课型，有人提出只要后者，放弃前者。对这个问题我们需要进行具体分析。应当讲，指导课有其自身的价值，现在指导课效果不佳的原因在于我们无法基于学生的经验进行指导。如果我们能进行适当的学情调查还是能解决不少问题的。否则，全盘否定指导课，学生在初稿形成过程中遇到困难时就无法得到教师及时的支持与帮助。

不可否定的是，在当前我们教师写作教学的整体状况不佳的情况下，在写作教学课时严重短缺的条件下，重视讲评课，根据学生的初稿确定学生的学习内容是一种不错的选择。讲评课就是先学后教，以学定教。教师如果认真研读全体学生的作文，能准确地把握全班学生在作文中呈现出来的言语经验方面的优势和问题，就能做到有的放矢地进行教学和练习，就能大大提高学生写作学习的质量。

综上所述，语文教师需要透彻了解学生现有的经验状态和完成写作任务所需的知识经验，这是设计优良写作学习任务的前提。

问题研讨

写作教学的有效性首先必须确定合宜的写作学习内容。周子房老师主张通过以下三条路径来开发写作学习内容：恢复写作功能、回归真实文体、展开写作过程。

当写作学习内容基本确定后，我们又开始面临新的问题：

1. 如何在教学中呈现这些学习内容？

周老师认为应该将写作学习内容融汇于特定的任务情境中。

2. 如何设计写作任务情境？

有如下几条路径："利用"真实情境和"设计"拟真情境的基本情境，以及基于动作性活动、映像性活动与符号性活动的情境形成方式。

3. 如何设计写作学习任务？

设计写作学习任务必须考虑主体情境，即：主体的写作兴趣、写作内容背景经验和表达经验；为此指明了两条基本路径：基于学情调查和基于学生初稿。

> **资源链接**

1. ［英］安东尼·海恩斯著,杨海洲,杜铁清,译.作文教学的100个绝招［M］.北京:教育科学出版社.
2. ［美］拉姆齐·福特,简·阿伦.李特-布朗著,田剪秋,等,译.英文写作手册［M］.北京:北京大学出版社,2007.
3. 荣维东.写作课程范式研究［D］.上海:华东师范大学,2010.
4. 周子房.写作学习环境的建构［D］.上海:华东师范大学,2012.

> **后续学习活动**

下面一个写作教学设计包含了多项写作学习任务,请分析这些写作任务情境的主要类型。

春游主题写作活动①

活动1. 请你推荐春游的地点,把推荐理由写具体、写明白。

活动2. 请你设计春游的路线,把游览顺序和旅游点简要写下来。

活动3. 请你制定春游的安全和卫生守则,让全班讨论通过。

活动4. 请你设计几项在草地上做的游戏,以书面报告形式征求同学意见,也可以写一个表演节目单。

活动5. 请你写写春游时某同学的表现,或者是春游中发生的高兴的、有趣的、尴尬的、伤心的事情,或者是春游时你所看到的风景,出一期有关春游的黑板报;为春游所拍的照片配上说明。

1. 属于直生性情境的活动环节为:_____;依据是:_____。
2. 属于间生性情境的活动环节为:_____;依据是:_____。
3. 评价这一写作活动设计方案。

---

① 柯孔标.关于小学作文教学改革的三点思考［J］.教学月刊(小学版),2004(2).

微型写作课程设计原理

> **专家简介**

邓彤,语文特级教师,全国优秀教师,北京大学语文教育研究所特约研究员,全国中语会理事,全国中语会青年教师发展中心副主任,教育部"国培计划"专家。先后应聘担任上海师范大学中小学语文"国培计划"项目培训专家、华东师范大学网络学院中学语文"国培计划"项目培训专家、浙江省中学语文教师培训专家、安徽省中学语文教师培训专家。

著有《邓彤讲语文》、《红楼梦导读》等著作。

> **热身活动**

学习本专题之前,请您思考如下问题并确定您认为恰当的选项:
1. 一个合理的写作课程应该(　　)。
   A. 教学生清晰的知识序列
   B. 让学生开展大量的写作训练
   C. 基于学生写作需求构建课程
2. 你的写作教学主要方式与下列哪一种最相似?(　　)
   A. 精心命题—提供范文—学生仿写—写后讲评
   B. 批阅作文—提炼问题—设计方案—指导写作

C. 介绍知识—学生写作—教师评改

> **学习目标**

通过本专题的学习,您应该能够:
1. 依据学生写作中存在的问题确定具体的写作学习目标。
2. 依据所确定的目标开发相应的学习内容。
3. 为学生的学习提供必要的辅助性指导。

> **讲座正文**

微型写作课程绝非凭空产生,它上联我国现代写作课程的发展,旁通国外课程理论的研究成果。为了解微型写作课程实质,首先应厘清中外写作课程发展的基本脉络。

【观察者点评】你也是这样想的吗?

我国既有的写作课程总体上有两类基本取向:序列化、活动化。这两种课程取向都有其不可低估的价值,但同时,又在不同程度上存在着先天不足。

一、序列化写作课程审议

近百年来,中国现代写作课程一直致力于建构一个序列化的课程知识体系。

自 1922 年现代教育家邰爽秋首先提出"科学化的国文教授法"的设想后,我国现代语文教育先驱便不断倡导语文课程的科学化,"为促进学生的国文进步起见,国文教授有大大注重法则的必要;妄用点时髦话来说,就是国文教授的科学化"[①]。此后,研究者判断:"民国十年以后,国语科教学的研究,受了'教育科学化'的影响,一天一天地走到科学的路上去。"[②]

张志公先生在研究中国语文教育史后认为:"有一个问题多年来一直存在的,那就是:语文教学缺乏科学性。"因此他主张"把语文训练作为一个科学问题加以研究","要力求做到语文教学科学化"[③]。志公先生试图建立这样一个语文体系:要实现幼

---

① 沈仲九. 初中国文教科书问题[J]. 教育杂志,1925,17(10).
② 赵欲仁. 小学国语科教学的三种新趋势[J]. 中华教育界,1930,18(12).
③ 张志公. 张志公自选集(上册)[C]. 北京:北京大学出版社,1998:215、219.

儿、小学、初中、高中"一条龙"……建立和完善一门"集中统领本学科整体的专业基础理论,即科学的现代语文学"。① 这门语文教学必须有一个"序、量、广、深、度"的具体标准。即要有一个"明确而合乎科学的序,以保持知识的连贯性、渐深性,使教学做到循序渐进、环环相扣、步步深入"。②

在这样的大背景下,朱作仁等人主张"作文训练应是通过有计划、有目的、有指导的写作实践,使学生形成语言表达能力的活动过程。研究并建立作文训练的序列,是提高作文教学效率的需要,是当今语文教学科学化的重大课题"。③ 1988年,吴立岗撰写《中小学作文训练序列方法浅析》一文,形成以素描教学为主要特点的小学中高年级作文训练序列,到1994年则以"活动心理学原理"作为构建写作训练序列的理论基础确定了作文的训练序列。④

我国写作课程的序列化追求主要体现在教材编撰上。

在引进西方逻辑分类法的基础上,我国现代写作课程构建了一套以文体知识为主干的写作课程知识体系。20世纪30年代,我国出现过几套以写作知识为线索的著名教材。其中,以叶圣陶、夏丏尊1935年编辑的《国文百八课》影响最大。两位先生主张"给予国文科以科学性",追求语文教学科学化的目标日益明确,两位先生痛感"在学校教育上,国文科向和其他学科对列,不被认为是一种科学,因此国文科至今还缺乏客观具体的科学性",于是编撰了这套教科书,其"编辑旨趣最重要的一点,就是想给国文科以科学性,一扫从来玄妙笼统的观念",于是形成了以"文话"为骨架串起全书,"文话"是"以一般文章理法为题材"的知识短文⑤,开创我国写作教材"知识短文"之先河。

如果说20世纪前期我国写作课程主要任务是创生课程知识,那么,20世纪中后期则致力于写作知识的系统化、序列化的追求。在中学写作知识系统化探索中影响较大的有常青的"分格写作"和陆继椿的"双分系统"。

分格写作的系统整体设想是将写作需要的能力进行分项训练,以形成一个一般写作思维的操作模型,这一模型具体包括观察、思维、想象、表述和语言五大系统共计

---

① 张志公.关于改革语文课、语文教材、语文教学的一些初步设想见[M]//张志公语文教育论集,1998:271-281.
② 张志公.关于改革语文课、语文教材、语文教学的一些初步设想见[M]//张志公语文教育论集,1998:66.
③ 朱作仁.小学语文教学法原理[M].上海:华东师范大学出版社,1988:498.
④ 吴立岗.以儿童语言交际功能为主线构建小学作文训练序列(上、中、下)[J].河北教育,1994(9,10,12).
⑤ 夏丏尊,叶圣陶.国文百八课(第一册)编辑大意[C].北京:人民教育出版社,1985:1.

256 格,然后逐一分格进行训练,经过"化整为零"的分格练习后,再进行"化零为整"的综合练习。

华东师大一附中陆继椿主持的初中《分类集中分阶段进行语言训练》(简称"双分")实验教材,是一种"探索语文教学学科化而设计的语文教学体系"。编者筛选出记叙能力、说明能力、论述能力、文学作品赏析能力和文言文阅读能力这五种类别,共108 个知识点,并以此为圆心,在教材编写和课堂教学系列中建立了 108 个训练点,对学生进行分项训练。① 这套教材以写的能力为线索,编排出一个循序渐进的语文教学的"序",务使学生"一课有一得,得得相联系"。

自 1949 年以来,我国颁布的语文教学大纲也以系列化追求为目标,试图建立起一套兼顾"基本知识、基础技能"的"双基"体系。1980 年后,这套体系又在当时"科学化、序列化、逻辑化"学科思想影响下不断完善,并结合 80 年代引进的"标准化"测试,渐渐定型为一套具有知识点、能力点、训练点的严密的"双基"体系。这一体系固定僵化、烦琐机械的特征日益凸显,开始受到一些人的警惕与反思。

如何评价近一个世纪的写作教学的序列化追求?

【要点评议】

究竟应该如何看待持续了一个世纪的写作课程系列化的追求?一种以序列化、系统化为诉求的写作课程对于写作教学实践究竟产生怎样的效果?对于这一问题的评估也许还需假以时日。但写作教学现状之如此不容乐观却证明了一个世纪以来的写作课程确乎存在严重的缺陷。

我们以为,写作学科的系统化、序列化追求有其内在的合理性。这一诉求体现了中华民族——作为一个以感性思维特征为主的民族——在特殊历史背景中的理性觉醒,这对于民族心理的圆融与进步具有极为重要的意义。同时,追求语文知识的系统化、序列化在一定程度上也是对语文教学规律认识的深化。我们应当在这样的意义上理解前人追求语文科学化的历史价值。

我们有理由追问:写作课程具备并且需要一个严密的系统与结构吗?

不妨先回顾课程发展史上研究者对"系统"课程的追求与反思。总体而言,课程的

---

① 陆继椿.分类集中分阶段进行语言训练试验课本[M].上海:华东师范大学出版社,1987.

系统性大致有如下三层含义。

第一，大体上等于一种教学顺序的安排。

先学什么，后学什么，在教学计划中必然有一个先后安排，这样的序列其实就是教学流程。严格而言，这并不是课程体系而只是课时计划。

第二，指的是学科知识的逻辑系统。

在学习过程中，确实存在着"不理解 A，就无法学习 B"这样的顺序性，例如，在数学中，不会整数的加减法，就无法真正掌握乘除法，这样的系列顺序其实就是学科内在的逻辑顺序。

但是，写作未必存在这样的系统性，或者说写作知识的内在逻辑特征并不特别显著。1978 年，伯恩斯坦从知识的"类别"与"框架"两个维度来分析课程的结构。① 他指出，数学学科之类的知识具有高度抽象化符号性质，学科知识之间彼此是闭锁的，需要靠一定的逻辑予以综合，这类学科可以称之为"收束型"学科；而社会学科一般以活动与经验为基础，学科内容彼此间是开放的，可以谓之"统整型"学科。不同类型的知识进入课程中之后，如果完全由教育者强制性授予，则该课程为"强度框架"起作用的课程，这类课程具有严格甄别学生学力的倾向；如果选择、组织较为自由宽松，则谓之"弱度框架"的课程，这类课程具有容许学会个别化学习的倾向。写作学科在总体上属于社会学领域，依据伯恩斯坦的分类，写作课程则显然属于"统整型"、"弱度框架"的课程，因此，写作课程追求严密的逻辑序列是虚妄的。因为写作学习具有强烈的个性化特征，学生的写作学习一般不会是零起点，而通常只是在某些知识方面存在某些不足，因此，以学生的写作问题为基点构建针对学生学习特征的写作课程可能就是一种合宜的选择。

第三，课程的系统性还表现为心理系统或顺序，需要适应儿童思维发展的特征。

根据皮亚杰研究，儿童的认识思维按"表象思维——具体思维——形式思维"这一顺序发展，因此，我国写作课程按照先写记叙文、再写说明文、议论文加以设计看起来似乎十分符合儿童的心理发展阶段特征。然而，根据皮亚杰理论，7—11 岁儿童处于具体运算阶段，已经能够运用认知运算进行逻辑思维，而 11 岁以上儿童处于形式运算阶段，已经形成系统抽象的思维能力。事实上，在 11 岁阶段的儿童，已经发展成为一个基本具备了以上三种心智能力的学习者，学生的心智已经达到"合金"阶段，完全可以同时进行各类思维活动。

---

① 钟启泉.现代课程论[M].上海：上海教育出版社，2012：238-240.

但是,我国写作课程为了追求所谓的"序列化、系统化",机械僵硬地把原本具备各类智慧圆融的学习者的学习过程切分为贯穿为三年的写作阶段:初一学习记叙文写作,初二学习说明文写作,初三学习议论文写作。换言之,我国写作课程一直试图在一个相当长的时段内反复让早已具备"合金式"思维能力的学生削足适履地去适应"单一化"的写作课程内容。这一课程理论大大落后于学生的心智发展水平,与维果斯基"最近发展区"理论形成了直接冲突。

美国加州六至十年级写作课程目标与内容

六年级写记叙文,说明文,调查报告,读后感,劝导性文章;

七年级写小说或自传性记叙文,文学评论,调查报告,劝导性文章;

八年级写传记、短篇故事或记叙文,文学评论,研究报告,实用文;

九、十年级写传记、自传性记叙文或短篇故事,文学评论,说明性文章、劝导性文章,实用文。

相比之下,美国写作课程在学习内容上的安排相当灵活而丰富,例如,加利福尼亚语文课程中有关写作的内容有①:

【观察者点评】你认同这个比喻吗?你认为哪种方式效率更高呢?

可见,美国写作课程并没有设计一个线性的序列分明的课程体系,而是在中学起始年级里就开始不分先后,不分主次同时让学生学习若干种文体。在随后的二、三学年中,所学的依然是这些内容,不过略微增加一些补充性要求,但最核心的内容在起始年级就已经全部让学生接触学习了,此后只是在不间断的写作实践过程中反复让学生学习、掌握、内化这些内容。

我们不妨以"**煮汤圆**"为喻来说明中美写作课程的区别:美国写作课程相当于将一碗汤圆全部倒入锅中,并不介意汤圆是否同时都能煮熟,只需不断翻煮,何时煮熟何时捞起;而中国写作课程则相当于每次放一粒汤圆入锅,试图煮熟一个捞起一个。

事实上,在各类课程中痴迷于系统化都是不合适的,更不必说原本没有系列特征的写作课程了。

---

① 董蓓菲.全景搜索:美国语文课程、教材、教法、评价[M].上海:华东师范大学出版社,2009:49-55.

施瓦布曾经追问"谁知道学科的结构",答案是"没有人知道"。他分析说,大部分学科都有不止一种结构,因为结构的多样性产生于人们总是会想出很多期望学科来回答的不同的问题,而每个问题又都会产生不同的实验模式、数据种类和解释方式,因此在理论上一个学科可能形成的结构居然可以达到 220 种之多!① 当面对多到数不清的学科结构时,致力于营造所谓"科学"的学科系统就显得既不可能也无必要,此时课程编制者所能够做到的就只有"折中"与"择宜"了。

事实上,西方课程论者也早已意识到追求课程内容系统化的不切实际。当年,布鲁纳曾在其影响巨大的著作《教育过程》一书中主张:在任何一门课程中,如果能够抓住基本原理编织有序的知识结构,那么在任何孩子面前就没有难教的知识。这一种轰动世界的新说在实践中收获的却是相反的结果,结果十年后布鲁纳只好宣布这只是一种"浪漫的假设"。②

斯蒂芬·图尔明在其影响深远的《人类理解论》中,在深刻批判人类"系统性信仰"之后,为课程编制者指出了课程研究的一条新的路径。③ 他将人类的"系统性信仰"追溯到逻辑数学的连贯性原型——这种原型由数学形式抽象而来,如欧几里得几何学从几条公理推演出整个学科体系。图尔明认为:系统性假定是有害的。不仅没有适用于所有学科的整体框架,即使局部框架的系统性这一假设也是无效的。与其将自然科学的内容看成一个严谨连贯的逻辑体系,不如把它看成一个概念的群体。为此他主张:放弃在前在后的序列观点将会使我们放弃那些静态的分析……从而只对课程给出一个更为历史的"电影片式"的描述。正是在这样的理念指导下,零散知识存在于学科中的观点成为主流认识。

我们已经知道,写作课程是属于"处方"性质的课程,其要旨在于"改进写作学习"而不是"描述写作学习",不是侧重"知道某个知识",而是侧重"知道怎样去做"。正如章熊先生所言,写作课程是"实践的规律性概括,而不是知识概念的逻辑性堆砌","学生的言语发展状况是不平衡的,因此,需要注重针对性而不是过于强调系统性。写作课程应该关注动态的研究而非静态的分类,关注能力的发展过程而非学科系统框架,着眼于行为的引导而非概念的辨析"。④

---

① Ian Westbury, Neil J. Wilkof. 科学、课程与通识教育——施瓦布选集[C]. 郭元祥,等. 译. 北京:中国轻工业出版社,2008:198-201.
② 郝德永. 课程研制方法论[M]. 北京:教育科学出版社,2000:3.
③ (美) R·基斯·索耶,著,徐晓东,等. 译. 剑桥学习科学手册[C]. 北京:教育科学出版社,2010:309.
④ 章熊,等. 中学生言语技能训练[M]. 北京:教育科学出版社,2005:7-11.

综上所述,我们以为对写作课程系统化、序列化的追求这一课程取向是值得商榷的。

二、活动化写作课程审议

在追求课程内容序列化、系统化的努力的同时,研究者与实践者还尝试从"活动"入手寻求突破。

自20世纪20年代前后,杜威、克伯屈思想进入中国,我国写作研究者就形成了以学生经验为起点,以儿童为本位,强调学生活动的教育潮流,主张"做中学"的写作探索实践开始与序列化追求相伴随。许多研究者鉴于以往写作课程系统化、科学化之弊而转为通过设计各类活动开展写作教学。

【要点评议】

没有历史眼光的课程研究视野是狭隘的。

20世纪后期尤其是新课程改革以来,我国中学写作教学开始突破行为主义与认知主义的窠臼,开始探寻写作课程建设的新的路径,其中,以研究性写作和个性化写作等方面成果较为突出。我国最早进行研究性写作教学者当属北大附中的"小论文"写作,他们在1979年就开始了小论文的写作教学与答辩活动。至1999年北京市人大附中、清华附中、101中学、八一中学还有上海的七宝中学、杨浦中学、大同中学等许多学校都开展了小论文的写作与答辩的教学。①

较有影响的写作活动化主张很多。

李吉林老师的"情境作文"主张通过创设典型的场景,唤起学生的情趣,触发其兴奋点,使其在一种愉悦的心境中开始写作。情境作文往往让学生或先看再写,或先做再写,或先玩再写,或先尝再写,或先演再写;强调在作文教学中沟通学科与学科、教学与活动、学校与家庭、学校与社会等各方面的联系;强调包容性,学生写作时少有限制,宽松度大,从而使学生的个性化表达成为可能。②

李元昌针对初中作文教学提出"大作文"概念,主张让学生走出"小课堂",深入广阔的社会探索丰富的写作素材。他还主张加强学科间的横向联系,通过写作综合运用

---

① 王宗海.高中研究性写作教学探微[D].长春:东北师范大学,2004.
② 李吉林.情境课程的操作与案例[M].北京:教育科学出版社,2008:116-117.

各学科的有关知识,并在写作中使这些知识进一步升华。

张化万老师的"生活作文"让学生从生活中获取写作素材,让学生关注生活、认识生活、学习生活,提高思维和认识能力。① 李白坚教授的"现场演示作文"主张设计可以用于记叙的生动、活泼、有趣的演示活动作为写作内容,并通过演示活动,激发学生情绪,诱导学生在轻松愉快的氛围中完成从思维到文字的转化,以提高学生思维创造力及写作水平。② 其活动形式多种多样,如游戏、实验、表演、户外观察等等。③

【要点评议】

这一阶段的写作课程与教学研究逐渐开始重视母语学习的实践性特征,也开始意识到学生写作能力具有综合性的特点,试图通过活动并在活动中形成学生写作基本素养。上述这些探索开始突破单纯的写作知识与技能的限制,而是致力于通过活动引导学生开展写作。这一转变与人们意识到写作主要是作为一种实践活动这一本质有关。

但是,单纯依赖活动或为写作制造活动是否足以形成基本的写作能力,或者说只是为解决"写作内容"缺乏或"写作动机"不足而设计的活动是否就属于写作课程主体内容,这是研究者一直有质疑的。叶黎明认为,以制造生活为教学内容的写作课,根本不是解决写作内容缺乏的良策。这种教法忽视了生活之于写作的"原材料"的特质,更忽视了学生主体在写作过程中"融化"的作用——对原材料的选择、加工和提炼,其结果是把写作当作对生活的"机械反映",而且,这类"给内容"的写作,极有可能助长写作的虚假之风。④

长期以来,我们的写作课程一直在"序列"与"活动"这两个端点之间不断摇摆、此消彼长,但始终没有寻找到一条较好的解决路径。

---

① 张化万.我的语文人生[M].北京:高等教育出版社,2004:210.
② 李白坚.大作文——写作教学的新观念与新方法(教师用书)[M].上海:上海交通大学出版社,2001:52-70.
③ 李白坚.21世纪我们怎样教作文(中学版)[M].上海:上海教育出版社,2005:426-429.
④ 叶黎明,种海燕."生活贫乏说"与课堂写作教学内容[J].语文教学通讯,2007(1).

三、微型化:建构合宜写作课程的可行路径

当写作课程的序列化与活动化取向在实际效果上在学理上都受到质疑时,寻找一种合宜的写作课程样式成为必然的选择。写作微型化课程在此背景下应运而生。

(一) 微型课程的缘起与基本特征

1960 年美国阿依华大学附属学校首先提出微型课程(Minicourse)这一术语。① Minicourse 通常翻译为"微型课程",其中"Mini"意指微型,与 20 世纪 60 年代早期美国出现的"Maxi"(大型)课程相对应。微型课程是针对长期课程的缺点应运而生的。又可以称为短期课程或课程单元,是在学科范围内由一系列半独立的单元组成的一种课程形式。微型课程一般不根据学科知识以及逻辑体系来划分,主要根据教师和学生的兴趣以及主体社会活动的经验、教师能力、社会发展的需要来编定。

微型课程需要微型内容(Microcontent)的支撑,而微型内容的创生则主要基于信息技术的发展。微型内容这一概念最初诞生于 1998 年,Nielsen 认为微型内容是一种用以描述宏大内容的短小扼要的摘要形式的东西,比如 e-Mail 的主题句、网页的标题介绍、元数据描述词等这一类的文本。② 而目前则普遍认为微型内容不再只是对宏大内容的描述,它已经脱离了对宏大内容的依附而转化为一种"小片段、松散连接、一直处于动态重组中"的信息单元③,这些微型内容是一种以微小形态流通的信息体,其大小在文本层面刚好可以容纳一个主题,因而便于在电子移动设备上自由便捷地开展学习。美国学者 Dash 认为微型内容具有包容性、蕴含元数据标识、易于格式处理等若干特征。④ 自 2001 年起,英国学习与技能发展处(LSDA)以及意利、瑞典的一些大学和公司联合开展的 M-learning 研究项目为移动学习者开发了各种形式的学习,例如有学习前的评估,实时测验,文本形式的学习以及 JAVA 游戏等。⑤ 与此同时,还针对不同学习人群开发了不同的学习内容,例如,针对不同的学习对象和学习内容选择不同形式的微型学习,以吸引学习者的注意,提高学习的效果。

---

① 江山野.简明国际教育百科全书·课程[M].北京:教育科学出版社,1991:47-48.
② Jakob Nielsen. Microcontent:How to Write Headlines, Page Titleand Subject Lines [DB/OL]. http://www.useit.com/alertbox/980906html1.2007-09-14.
③ What ismicrolearning [DB/OL].http://www.microlearning.org/.2007-09-11.
④ Anil Dash. Introducing the Microcontent Client [DB/OL].http://www.anildash.com/magazine/2002/11/introducing_the.html.2007-09-16.
⑤ 顾凤佳,等.微型学习现状调查与分析[J].开放教育研究,2008(6).

2004年,一种新型的学习形态——微型学习(Microleaning)正式提出。① 2008年,美国新墨西哥州圣胡安学院的高级教学设计师戴维·彭罗斯(David Penrose)提出新的"微课程(Microlecture)"概念。这是运用建构主义方法、以在线学习或移动学习为载体来开展,是为满足微学习而建构起的课程。② "微"即微小、碎片化,它符合学生的习惯,一次只学一点,每一个微型学习单元各自独立,学生可以根据自己的需要随机学习。片段化、专题化的微课程给学生提供了更好的学习机会,能够有效促进学生的学习。与此同时,在常规课堂教学层面上,也逐渐形成了与微型课程相匹配的"小型课"(Minilesson)。这类小型课通常持续15—30分钟,"一般有五个环节:介绍主题、分享样例、提供信息、指导实践和学习评估。其目的在于强调主题,并在一个真实的读写活动环境中教学,而不是孤立地教学或提供操作练习活动。微型课教学可以面向全班,也可以面向个别学生,还可以面向小组学生"。③ 自此微课程成为一种自主学习的模式,为个性化学习提供了强大支持,可以让学生们自定步调学习,学生可以自由选择所需学习资源以确保达到对课程内容的理解。

请提炼"微型课程"的基本特征:

微课程之"微"首先表现为课程目标和内容组块的知识含量之"微",其次还蕴含着对这种学习发生发展的认识以及学习者对待学习积极心态的营造。

欧洲学者布鲁克(Bruck)认为微型课程与微型学习所指向的是一种新型的知识组织结构。澳大利亚林德纳认为微型学习概念背后蕴含着新的知识观,其背后存在着松散的"分布式知识"、"速溶知识"和"联通性知识"这些概念的身影。④ 由于学习目标微小单一,因此教师易于教学、易于检测,学生易于达标,易于自测。还由于内容组块微小,就可以较为轻易地创生、教学和学习,学习者也容易在轻松的学习过程中获得愉悦的学习体验。⑤

综上所述,可以概括出微型课程的如下特征:微型课程与长期课程相对应,是一

---

① Theo Hug, Martin Lindner, Peter A. Bruck. *Microlearning Emerging Concepts, Practices and Technologies after e-Learning Proceedings of Microlearning*. 2005 [M]. Innsbruck: Innsbruck University Press, 2005.
② 关中客.微课程[C].中国信息技术教育,2011(17).
③ 董蓓菲.全景搜索:美国语文课程、教材、教法、评价[M].上海:华东师范大学出版社,2009:110.
④ Martin Lindner, Peter A. Bruck. *Micromedia and Corporate Learning: Proceedings of the third International Microlearning, 2007 Conference* [M]. Innsbruck: Innsbruck University Press, 2007.
⑤ 祝智庭.微型学习——非正式学习的实用模式[J].中国电化教育,2008(2).

种短期课程；由相关主题模块构成；强调深度而不求广度；以学生自主学习为主要学习方式；注重教师的教学支援。

（二）什么是微型写作课程

形成于20世纪60年代的微型课程和21世纪前后的"微学习"理念对于新型写作课程的建构具有重要的意义。

从写作课程角度看，在母语学习背景下，学生的写作学习不是零起点。每一个学生运用母语进行写作学习的过程，都不是一个从"无"到"有"过程，而是一个从"少"到"多"、从"不太好"到"较好"、从"不完善"到"相对完善"的写作学习过程。从广义知识论来看，写作能力是知识的一种表现，学生写作能力的不足可以理解为学生在写作知识方面的缺失。对于母语学习者而言，这种缺失一般都不是"结构性"缺失而只是"功能性"缺失。因此，写作课程与教学的基本目标主要是"变构"与"完善"学生的知识结构而不是为学生重置一套知识结构。换言之，绝大多数学生写作困难通常都只是局部的"梗阻"而非全体"坏死"，教师完全可以通过局部改进学生写作问题的方式来逐步提高学生的写作水平。

由上述分析可知，改善学生写作并不需要系统化的全面的写作知识，只需要对学生写作中的一二处关键困难提供必要的知识支持，就足以促进学生的写作学习。因此，如果能够诊断出学生写作学习需求（这些需求通常不是全局的而是局部的，故而只需要也只能提供少量的关键知识就足以满足学习写作学习需求），学生的写作知识"变构"就能够顺利进行。

有鉴于此，我们认为，有别于序列化、活动化的微型写作课程应当具备如下两大特征：其一，基于学生的学习需求；其二，课程目标与课程内容微型化。

【要点评议】

写作课程之所以需要引入微型课程理念，乃是基于20世纪90年代课程与教学设计理念中所发生的极为重要的范式转变：课程设计从关注教学者的"教"转向关注学习者的"学"，从对教学材料、教学内容和教学事件的安排转向对学习者的研究、对学习环境和学习支撑的设计。

当代学习科学研究一项重要的发现是[①]：学习总是在原有知识背景之下

[①] （美）R·基斯·索耶著，徐晓东，等.译.剑桥学习科学手册[C].北京：教育科学出版社，2010：12.

发生的,学生进入课堂时,并不像一个空容器等着被填满,而是带着各种各样的半成型的知识来到课堂,这些知识有些基本正确,有些则是迷思概念(misconceptions)。对于儿童来说,学习的最佳方法是在基于原有知识的环境中学习;如果教学没有包含学生的已有知识,那么学生持有的迷思概念就无法得到变构,从而无法学到正确的知识,自然无法形成必要的能力。

微型写作课程的逻辑起点就是研究并"变构"学生写作活动中的"迷思概念",最终促进学生写作水平的提升。

(三) 为什么需要微型写作课程?

首先,随着课程意识的增强,人们已经认识到,为达到国家写作课程目标而研制的具体课程样式应该是多样化的,微型课程作为对宏大课程的一种纠偏,有其存在的合理性与必要性。其次,我国百年来的写作课程历史已经证明:强调逻辑一贯性的写作课程并不适合写作素养的形成规律,写作课程设计者试图把写作知识或能力加以"分解组合",已被事实证明是低效或无效的。再次,以往写作课程设计与写作教学脱节,而当今"使用者开发"已成为当前课程开发的一种趋势,微型课程中课程知识的创生者与使用者渐趋统一。第四,随着对写作实践特征的认识深入,人们意识到写作素养应该在活动中形成,而活动则需要学习主体的知识内化,因此,以自主学习为基本学习方式的微型课程就应该成为建构新型写作课程的一种合理选择。

因此,建构一种规模小、容量少、主题单纯、目标清晰、针对性强、有操作性的微型写作课程就十分必要并且迫切。微型写作课程不求面面俱到,而是聚焦核心困难,选择核心知识,解决要害问题,它既便于学生学习,也便于教师设计与教学。

随着写作研究的深入,写作知识不断增多,写作课程也开始臃肿。知识使写作教学陷入"囚徒困境":没有知识,写作教学无法实施;知识过多,写作教学不堪重负。因此,当代中国写作课程需要一把"奥卡姆剃刀":在写作课程知识中,删除次要的枝节的知识内容,保留最核心最精粹知识使课程达到最佳效果。

微型课程之所以必要,还有着课程实施层面上的教训。20世纪60年代的美国课程改革运动时期,由于课程编制过于标准化和系统化,课程方案具体规定了教师必须知道、讲解和要做的每一件事情,教师几乎没有任何改动的余地。教师所做的,不过是执行他人的目的与计划、从事他人提出的活动。这类精心设计的精致而复杂的课程,由于过于复杂导致构想与执行的分离,使得教师经过多年辛勤劳动而形成的技能和经验失去了意义,使得教师失去对自己工作的支配权而引起异化和失落感。① 因此,简化并微化写作课程,有利于写作课程的实施。

从写作学习者角度看,写作课程也需要微型化。由于学生在写作学习过程中事实上要受到时间与精力的种种制约,因此,写作课程知识必须高度简约并能够有效发挥作用。过于宏大繁多的课程内容可能使写作学习变成纯粹知识的学习。

四、微型写作课程设计要领

(一) 微化写作课程目标

微型课程以主题为基本教学单元,此处的"单元"概念有别于现行课程结构中内容分解形式的单元,它不是根据学科的知识以及逻辑体系来划分的,而是根据教师和学生的兴趣以及主体社会活动的经验、教师能力、学生发展的需求来编订的,也称为专题。②"微型课程"的价值可以借助目前在国际上流行的"教育超市"的隐喻得到较好的阐释。该隐喻认为,学校所提供的各类课程,应该像"超市"中的商品一样,追求的是"实用",是为了满足消费者的需要,而不是为了追求"系统性"与"丰富性"。

> 微型写作课程旨在满足学生写作需求,而不是为了课程的系统性与丰富性。

微型写作课程之"微"首先体现在对课程目标的微化。

微型写作课程目标不求面面俱到传授写作课程知识,而注重针对学生的实际需求,解决学生写作实际困难。学生在写作中的关键性困难就是微型写作课程的目标:学生在写作中普遍遇到的困难是课程目标,少数学生所遭遇的主要困难同样是写作课程目标。微型写作课程的核心——"主题"——来源于学生写作中的实际困难和常见不足。

但是,学生写作中出现的问题经常是含混芜杂的,总是夹杂着大量的枝节问题,甚至还经常与学生的写作优长交织在一起。这时,教师对学生习作的分析就显得至关重要。教师必须在学生作文中仔细甄别其中的关键性问题所在,要对问题进行微化处理,使得问题具体化、明晰化,最终形成指向具体明确的微型目标。

---

① 施良方.课程理论——课程的基础、原理与问题[M].北京:教育科学出版社,1996:133.
② 参见刘素芹.学校课程体系的新元素——微型课程[J].教育技术导刊,2007(1).

例如，在记叙文写作中，许多学生只会简单描绘一段事件的大致历程，笼统而且空泛。教师经过分析学生作文后发现：由于文字表达是线性的，而真实生活则是全息性的，因此，学生在用线性的文字叙述全息性的生活时，就会出现表达形式与表达内容不匹配的困境，容易为体现事件的"线性"特征而忽视生活的"全息"特征，于是形成叙事简单化的不足，这便成为学生"叙述事件"时遇到的主要困难。如何解决这一困境？通过分析一些较为成功的叙事作品后发现：在叙事"事件"时，作者

> 记叙文写作教学的一大转变：从教授全面系统的记叙知识转变为只教学生最需要的关键知识。

经常会融入大量写作者的感受、体验与想象。因此教师在指导学生学习"叙事"时，就不必一一介绍叙事知识，而只需指导学生在<u>叙事时融入自己的感受、想象与反思，从而使叙述更加真切、丰富</u>。虽然，从传授叙述知识的角度而言，在这节写作教学课中学生所学的知识可能不全面，不完整，但对学生的写作指导却相当有效。

事实上，许多优秀教师的写作教学，都非常关注学生写作困难，并据此设计自己的写作教学。

于漪老师曾在三年教学中，针对学生的50次写作学习进行了50次作文教学。她根据学生的作文状况，侧重进行某个知识点的学习和练习。50次讲评环环相扣，形成紧密的链条。于老师分析学生作文中的问题，不但精细、周到，而且总能点到"穴位"，指明问题的关键。①

江苏管建刚老师认为，作文教学最务实的做法就是看了学生作文，依着学生作文的实际情况，找出问题，再指导或训练，那就是"作后讲评"。为此，管老师提出教师要上好作文课就必须在认真研读学生作文的基础上做三件事②：

【要点评议】

　　有效的写作教学通常都是基于学生的实际问题展开的。如何精准地明确学生写作问题，这是微型写作课程设置的关键所在。确定微型写作课程目

---

① 于漪. 于漪老师教作文[M]. 上海：华东师范大学出版社，2009：3.
② 管建刚. 我的作文教学主张[M]. 福州：福建教育出版社，2010：66-69.

标的基本渠道:基于障碍——分析学生写作中的主要困难,确定写作课程内容。

第一,欣赏。教师要能评到"点"上,要"评"出精彩在哪里,让学生知道,这不是教师的廉价表扬,它有实实在在的依据。第二,挑刺。要能指出真切的问题。老师梳理学生写作中出现的共同的问题,以"病例集中"的方式出示,给学生带来视觉和思想上的冲击。第三,训练。讲评课的"练",主要来自两处:一是从学生写得好的地方引申出来。二是从学生写得不好的地方引申出来,教的是学生需要的,有心理认同,不排斥,效果自然不会差。

确定微型写作课程目标基本方式有如下几种:

1. 分析学生作品,发现个性与共性问题;
2. 同侪会诊,探讨学生写作问题;
3. 通过访谈学生,深度了解学生思维误区。

【观察者点评】你也是这么认为吗?

一般而言,教师对学生写作状况的了解,主要是通过分析学生作品实现的,偶或也有同行之间的会诊;但是,针对某一具体困难对学生进行系统访谈以求了解学情却较为罕见,因为教师普遍认为,学生很难说清自己的实际困难或问题症结所在。如上所述,建刚老师就认为,写作中的不少毛病,学生再怎么读、再怎么念,也读不出来、念不出来。这些毛病已经深入骨髓,怎么读都觉得通、觉得顺,怎么读,都改不出来。这时教师就要一个"病"一个"病"地找出来,命了名,指着叫学生认出来。

但是,学生虽然无法准确表达个人写作中的问题,教师却可以通过了解学生对问题的理解和学生具体采用的方法来了解学生写作的实然状态。这些了解可作为确定微型写作课程目标的基本依据。

现举例说明微型写作课程中目标确立与微化过程。

在一次话题写作练习中,学生出现不少问题;其中,尤以偏离话题的现象为多。具体情况如下:

生活中有许多未完成的状态,例如,大楼尚未竣工,比赛未到终点,学业尚未完成,事业尚未成就……有人说,这种未完成状态令人在进展过程中倍感压力;有人说,正因为未完成才有多种可能,才充满魅力……请以"未完成状态"为话题写一篇文章。

在作文批阅中,教师发现将近有35%的学生在作文中大写"残缺美"。

【观察者点评】对此你的第一反应是什么?你是否试图教学生一套审题知识?

有教师对这一现象笼统称之为"审题不当"或"偏题",但类似的归因对于改变学生的思维方式没有多少作用。因为单是"偏题"就有多种情况多种原因,教师必须确定"偏题"的具体原因,必须对学生问题加以具体化、微型化,才有可能实施针对性干预。

为此,教师对作文作了仔细分析,发现学生是这样理解"未完成状态"的:既然"未完成",就是"残缺"的,由"残缺"自然联想到"维纳斯",于是得出结论:未完成状态其实是一种"残缺美"。

但是,写作文本毕竟还无法反映学生的深层思维,为什么学生的思维会从"未完成"径直跳跃到"残缺"呢?教师一时还无法从表面文字中了解学生"偏题"的真正原因,于是便与这一学生做了一次分析性访谈。结果发现,学生的思维其实从一开始就出现了偏差,该学生径直将"未完成"理解为"完不成",其思维流程如下:未完成——完不成——不完整——残缺——维纳斯——残缺美。学生将"未完成"理解成"完不成"其实已经偷换了概念。通过访谈,教师发现,有相当数量的学生在写作中根本没有注意到"未完成"与"完不成"之间根本区别就开始侃侃而谈,学生几乎是不假思索地就将"未完成"直接与"完不成"画上了等号。而在这些学生其他作文中,也经常表露出类似的问题:他们对于一些重要的概念或词语,几乎不去认真思考其中细微然而关键性的差异,他们经常说一些似是而非的词语而不去考量其含义是否一致。在学生作文中,存在着大量混淆概念、偷换概念的现象,学生的思维经常在许多相似概念之间不断滑移,这导致其讨论问题经常越界,最后越滑越远。最后,大家诊断出了学生屡屡发生偏题一个主要原因:"混淆相似概念。"

在此基础上,大家共同确定如下一个微型写作目标:通过辨析相似概念的异同点来澄清概念含义。要求学生在比较辨析相似概念的过程中,能够揭示概念之间的本质区别,厘清模糊认识,达到准确定位、阐明道理的目的。

当写作目标从笼而统之的"偏题"具体明确到"辨析相似概念"阶段时,写作教学的目标就得到聚焦,变得微型化了,也更加便于教师指导学生学习了。接下来的任务就是为达成这一目标确定合宜的教学内容。

【要点评议】

由此看来,学生在写作过程中,总体上是按照一定的逻辑展开思维的,并且学生的思维在总体上也是正确的,他们的失误经常是在某一环节上出现了偏差。教师完全没有必要因为学生写作存在偏题现象就向学生全面介绍关于审题的系统知识,只需要了解学生"偏题"的关键点即可对学生实施有效的"点穴"式干预。

目前我们对学生的写作问题所做的研究还相当缺乏。教师的写作教学指导通常不是基于学生的写作困难,常常是将写作学或文章学理论直接搬运到写作课程与教学之中。许多教师在指导学生写作时经常低估、高估或错估学生的知识拥有状态,教师经常无法区分或者很少区分学生的写作困难到底是由于缺乏相应的写作主题内容还是缺乏写作表达能力。

(二)微化写作课程内容

> 微型写作课程内容确定原则:针对性的学习资源与学习者实际需求的有机结合。

写作课程兼有"大空间"与"小世界"两种属性:随着写作课程研究的不断深入,写作课程内容在不断递增,这使得写作课程越来越成为难以掌握的巨大知识空间(大空间);另一方面,每位写作学习者在实际写作中所能够有效应用的写作知识资源只是一个有限的小世界。在广大的知识空间与实际运用的小世界之间,迫切需要进行有效的联通,否则,诸多写作知识资源对学习者而言就如同信息的"汪洋大海",最后会淹没写作学习者。从实际需求来看,那些游离于学习系统之外的,没有与学习者需求相联结的课程资源通常是缺乏实用价值的。因此,提升学习资源实用性就必须与特定的学习者需求相捆绑,从而把学习资源和学习者联结起来,实现易沟通、自组织、可持续的"小世界效应"。[①] 这就是写作课程内容微化处理的基本理据。

语文教师的专业能力就表现在:他能够把成熟写作者在写作上模糊的"感觉"揪

---

① 胡小勇.信息化环境的"小世界"现象与学习资源设计研究[J].远程教育杂志,2009(1).

出来,转化为学生易于接受的明确的知识和具体的例子,借此教师可以创生诸多有效的写作课程内容。参照目前微型学习研究的成果,写作课程微型内容的开发大致有如下基本路径①:直接利用或改造已有资源;分解或者抽取巨型内容(Macrocontent);由统一了消费者和生产者身份的特别角色创建生成。具体阐释如下。

1. 直接利用或改造已有资源

这意味着教师直接从现有的写作课程内容中选取与所确定的微型目标相匹配的课程内容。已有的写作课程内容中,有大量的知识可以直接利用或略加改造后作为微型写作课程内容。例如,针对学生在写作中出现的中心散漫芜杂这一不足,如下内容知识就非常有效,可以直接移用。

"一字立骨法":在构思文章时,选择一个和中心思想紧密相关的关键字或句连接文章所有的材料,从而形成文章的骨架。具体可分为"以事物本质为特征"为"立骨"之字、"以事物表现特征为特征"为"立骨"之字、"以事物某种共同点为特征"为"立骨"之字。

"一句经纬法":以诗歌、炼句经纬全篇,以人物话语经纬全篇,以概括性句子经纬全篇。②

2. 分解或者抽取巨型内容

微型课程主要是指将写作教学科目根据内容分解成一系列相对独立、完整的单元群,每个单元突出一个中心内容或专门主题。写作课程中存在许多宏大的知识,这些知识由于过于宏大,在教学中难以运用,或者由于课程内容杂多,反而淹没了真正有效的写作知识。

如能将这些知识加以分解或从中抽取出微型化的知识,对于写作教学指导将产生非常有效的作用。在写作课程中,类似的"分解"思维屡见不鲜。例如,曾经让许多学生获益的著名的"过程写作法",其主要特征就是将学生的写作行为分解为可管理、可操作的几个部分:预写作、起草、修改、校订和发表。而其中任何一个环节,例如"修改"知识,又可以从中分解出更多更细微的有效的知识内容。

3. 由统一了消费者和生产者身份的特别角色创建生成

这是微型写作课程的最大特点所在。微型写作课程主要是基于学生写作实际问题,基于课程编制者的实际水准而展开的。当前课程开发研究者越来越强调"使用者

---

① Arnaud Leene. The MicroWeb-using microcontent in theory and practice[DB/OL]. http://www.microlearning.org/micropres07/ml2006, presentation_leene.pdf. 2007-09-19.
② 诸灵康. 初中作文读本(九年级分册)[M]. 上海:上海教育出版社,2012:61-62.

开发",在微型课程中课程知识的创生者与使用者渐趋统一,微型写作课程就是融合了课程"消费者"与课程"生产者"这两大要素之后的产物。

例如,学生在进行"空间描写"时经常出现描写混乱等问题,经过分析发现,学生在描写空间事物时面临的主要困难在于:作者必须"把同时感受到的事物(空间)分先后(时间)组成线性表达程序",但是,一线性的表达往往不易"使读者在头脑中重现空间位置",正是由于这一矛盾造成了"空间描写"的困难。章熊先生在分析了学生"空间描写"的困难所在后,受"参照物"理论启发,创生了有效的关于空间描写的微型知识内容:以空间中一物体为重点参照物,围绕这一重点按一定顺序线性描绘周围事物,从而将立体空间事物转化为便于进行线性描写的事物。[①] 微型写作课程由于将有关写作知识具体化、微型化,因此,使得写作教学内容明确而有效。

总之,"微型化"适应了写作课程作为能力课程的基本特点。由于"微型化",目标单纯,内容明确,环节清晰,非常便于课堂教学、活动、检测、反馈,使得写作教学课堂化成为现实。

【要点评议】

对于学生的写作困难必须进行微化处理。

如果教师期望通过教学指导"变构"学生的写作知识状况,就必须聚焦学生的写作关键问题。一般而言,学生的写作问题不会太多,即使有许多问题,为了教学的针对性和有效性,对于有些问题也不妨暂时"悬置",这样可以集中时间和精力解决当下突出的问题与核心问题。

微型写作课程内容的创生必须学会简洁。一节微型写作课程通常只关注一个重要的点,提供自学重难点的机会。

(三) 写作学习情境之微化

微型课程高度重视"情境化"活动,这一特征与写作学习具有极大的同质性。建构主义认为,学习者的"知"和"行"是不可分割地结合在一起的活动,知识基本上浸润于社会文化的世界之中。因此,在具体情境中进行写作教学活动,有利于学生对写作知识的内化。现代学习理论研究证明,知识是一种工具,只能通过运用才能真正被掌握。

---

① 章熊. 我的语文教学思想历程[J]. 课程·教材·教法,2012(1).

因此,现代学习理论研究十分关注情境下的学习,其研究重点是真实的学习活动中情境化内容,研究焦点逐渐转向对学习情境的关注。①

微型写作课程必须创设微型的写作情境。当写作目标与写作内容基本确定后,需要将这些内容镶嵌于一定的学习情境之中。如前所述,微型写作课程是基于学生兴趣的,教师应当设法了解学生感兴趣的各类话题,借助这些话题为学生写作学习设计具体的情境。

在新加坡广泛开展的微型课程研究项目中,研究者就高度重视情境的创设。新加坡学者所提出的微型课程设计流程(CAT)对于微型写作课程的情境设计具有启发意义。② 所谓 CAT 设计流程,就是在明确学习目标之后,按照情景(C,context 的缩写)、活动(A,active 的缩写)和工具与模板(T,tool 的缩写)三要素设计学生的学习过程。其中情景(C)设计意指设计学习发生的情景要尽可能真实,要与学习主题相关,与学生兴趣相关。

例如,在确立"搜索相关信息并能够总结和展示信息"这一微型课程目标后,教师设计如下情景:某地区海洋蓝藻的生命受到威胁,情况非常紧急,要求学生把自己想象成为一名海洋生物学家,然后把学生分组,每人扮演各自的角色:海洋蓝藻专家、哺乳专家、污染控制者以及海洋其他方面的生物专家。教师详细说明不同角色的任务并给学生提供任务单,学生以小组为单位根据活动单的要求搜集相关的信息,最后各成员把搜集到的信息整理成一份报告。在整个活动的过程中,教师不断提醒学生责任重大——蓝藻的命运把握在你的手中。③

在微型写作课程设计中,教师意识到学生在写作中普遍存在如下问题:析事论理不考虑读者对象,说理空泛,无的放矢。为此,教师确定了一个微型写作目标:根据不同的对象特点,选择不同的内容采取不同的说理方式有效说服对方。为实现这一目标,教师根据学生的兴趣设计了如下一个任务情境:

> 微型写作课程的目标、内容与情境等元素都必须基于学生写作学习中的实际问题。

初中生丹丹在放学路上遇见一只流浪狗,可

---

① 高文,等.学习科学的关键词[M].华东师范大学出版社,2009:17,55.
② 刘运华,等.新加坡微型课程研究项目的实践与启示[J].中国电化教育,2005(11).
③ 实例取自 http://eduweb.nie.edu.sg/microlessons/samples.htm.(转引自本页注 2 刘运华文)

爱可怜,于是把狗狗抱回家想收养这只流浪狗。但是,丹丹回家后,父母却不同意丹丹收养流浪狗。假如你是丹丹,你将如何说服父母允许自己收留这只流浪狗呢?如果父母依然不同意,你想请奶奶帮忙劝说父母,你会对奶奶说什么?又会怎样说呢?

> **【要点评议】**
> 　　微型课程是以某一学习主题为核心组织起来的相关活动,所以它特别注重将学习活动融入真实生活中,将孤立的知识注入生活的海洋中,使单一的被动式接受学习方式转变为丰富多彩的学习方式群落。

(四) 写作教学支架之微化

如何为学生的写作学习提供必要的支持?我国写作课程在这方面做得非常不够。

我国中学写作课堂上所呈现的样态大致如此:教师有写前指导,有写后讲评,但在最为关键的写作过程中,教师的指导却始终阙如。因此,教师在设计微型写作课程时就必须根据写作学习过程的需要为学生提供不同形式的支架,从而为学生写作学习创建"有源"的学习环境。在微型写作课程设计与实施过程中,教师必须扮演内容呈现者、学习帮助者和课程设计者等多重角色。

"支架"一词是以建筑工程中使用的脚手架做类比,现用来描述促进学习者从被动学习走向独立学习的工具,它是指对那些超出学生能力的任务元素加以控制,从而使学生将注意力集中到他们力所能及的任务内容上并更好地掌握它们。

支架理论认为:儿童能力的成熟是不同步的,那些还没有成熟的能力不能参与问题解决,因而,教师需要在依赖这些能力的活动方面设置支架,教师提供的支架不会使任务本身更容易,但它可以使学习者借助支架完成任务,用维果茨基的话就是说,"将外部知识内化并转变为意识控制的工具"。[①] 认知负荷理论认为,学习过程中的各种认知活动均需消耗认知资源,若学习活动所需要的资源总量超过了个体所具有的资源总量,就会引起认知资源分配不足的问题,从而影响学习的效率,这就被认为是认知超载。写作学习显然是一种复杂认知活动,其中包含众多认知内容,这些内容往往会超

---

① Wink J, Rmney L. *A Vision of Vygotsky*. Allyn and Bacon: A person Education Company, 2002, 85–115.

出个体所拥有的认知资源总量。一定程度上,学生的写作困难,很可能与高认知负荷密切相关。① 而微化处理写作课程目标及课程内容并相机提供必要的学习支架,其实质就是便于使学生降低其认知负荷,以便学生可以集中精力关注学习目标,从而有利于写作学习的深入开展。

设计支架的方式很多。有研究者将支架概括为六种:示范、应变管理、反馈、指导、提问和认知建构。② 目前,一般将学习支架分为三类:(1) 接收支架——帮助学生收集写作内容(概念图、词汇表、时间线);(2) 转换支架——帮助学生将所获得的内容加以转化(抽象、比较、改写、重组、修正等);(3) 产品支架——帮助学生将所理解所创造的内容顺利表现(大纲、报告、示意图等)。③

设计微型写作课程,必须根据学生实际情况,设计适时、适度、个性化的学习支架。在学习活动开始阶段,教师一般需要为学生提供较多的支架作为学习支援;随着学生能力的逐渐增强,教师应当逐步撤走支架,使学生能够独立完成写作任务。

例如,前文所介绍的"收养流浪狗"课例,为帮助学生学会合理说服他人,培养学生根据说服对象实际选择不同说话内容与表达方式的能力,课程设计者就设计了如下学习支架帮助学生搜集父母可能的反对意见。

意见分歧的维度	父母可能反对的具体理由	我的说服理由
对环境卫生的影响		
对学习的影响		
对邻居的影响		
其他影响		

这个支架显然属于"接受支架",旨在帮助学生搜集写作内容。这个表格实际上已经将了解父母反对意见的几个维度提供给学生了。为了更好地聚焦于该微型写作课程的目标,教师直接把了解父母反对意见的方法作为学习支架提供给学生,帮助学生多维度思考父母的反对意见。由于学习支架的提供,学生就不必在同一时间内完成过

---

① 朱晓斌.写作教学心理学[M].杭州:浙江大学出版社,2007:57.
② 张如珍."因材施教"的历史演进及其现代化[M].教育研究,1997(9).
③ 邓静,等.再探学习支架[J].上海教育科研,2008(9).

多的任务，从而可以集中精力有效达成本课程的基本目标：根据不同的对象特点，选择不同的内容采取不同的说理方式有效说服对方。

总之，微型写作课程的设计与开发大体上需要经过如下路径：其一，了解、分析学生写作学习障碍，确定微化目标与内容；其二，设计具体情境驱动学生开展写作实践；其三，提供必要的支架援助。

问题研讨

我国中小学写作课程"序列建设"以及与之相伴随的"活动化"写作在现实中已经遭遇重重困境，这意味着写作课程序列化、活动化追求等路向都可能存在问题。在反思以往课程不足的基础上，我们需要研讨如下几个问题：

1. 微型写作课程建构路径在哪里？

我们已经知道，写作学习在本质上是非线性的。写作学习不是一个循序渐进的累加式的过程，而是一种非线性的、不断往复的过程。以往的写作课程讲求学科知识体系建构，试图把写作学习内容分为若干板块，并且按一定顺序依次学习，这种部件组装式的设计思路很可能并不符合写作学习的规律。

微型写作课程则是片段化或松散联结的，此目标与彼目标之间未必存在什么密切联系，一组内容之间也许只存在组内的自洽性，而与其他内容并无关联。微型写作课程总是基于学生写作困难：关注学生的困难，分析学生的困难，微化处理学生的写作困难。微型课程总是根据学生的水平、兴趣和学习风格来调整学习内容与学习方式，这是一种能够有效处理差异化的学习内容的新型课程。

2. 设计微型写作课程存在哪些困难？

学情分析水平低下。微型写作课程设计的起点是对学生写作学情的探测分析，但是，目前探测分析学情的意识虽然增强，但在技术上却相当匮乏，教师对学情的探测分析基本上停留于经验型的判断，如何开发有效的学情分析工具是今后微型写作课程发展的关键所在。

课程内容开发不足。关键性写作学习内容与辅助性学习内容（支架）尚未明确加以区分，相应的开发手段和资源相对不足。

3. 微型写作课程在将来还可能适用于哪些领域？

随着写作微型课程的进一步发展，就可以形成丰富的针对学生具体写作实际困难的微型写作课程"群落",在这一"群落"中,写作学习者的各类需求都能够提供相对应的微型课程予以满足,这为远程写作学习、在线写作学习提供了便利。

此外,微型写作课程的开发也对教师专业发展提出了要求。开发微型写作课程成为教师的基本功,而对微型课程的研究也将成为培训教师的重要内容。

资源链接

1. 祝智庭,等.微型学习——非正式学习的实用模式[J].中国电化教育,2008(2).
2. 顾凤佳,等.微型学习现状调查与分析[J].开放教育研究,2008(6).
3. 田秋华.微型课程及其开发策略[J].课程·教材·教法,2009(5).
4. 邓彤,王荣生.微型化:写作课程范式的转型[J].课程·教材·教法,2013(9).

后续学习活动

研读下面一个课例简案①,回答问题。

山西某小学五年级期末考试作文题是"监考老师",要求学生写一篇作文,写作对象就是当时监考的老师。同学们都说这题目出得"太损",因为这次监考的老师都不是本班的任课老师,大家对这些老师都很不了解。于是很多学生感到无从写起,造成写作成绩的大滑坡。

事后,一位老师简单地向学生提出了如下 6 个问题,就让学生写出了洋洋洒洒的好文章。

- 你平时考试紧张不紧张?这一次呢?如紧张,说明为什么?
- 你坐进教室,在等监考老师来时,想了些什么?
- 监考老师走上讲台说了些什么?你的感觉是什么?
- 监考老师发完试卷,又说了些什么?你的感觉是什么?
- 在考试过程中,监考老师在你身边停留过没有?如果停留了,把他停留在你身边时的情景写出来。

---

① 育英.作文不用学[M].天津:天津教育出版社,2004:52-54.

● 他给你的最后印象是什么?

1. 分析上面案例中学生的实际学情(写作障碍与困难)。
2. 育英老师为学生提供的 6 点建议的共性特征。
3. 指出教师所做指导体现了"微型写作课程"的哪些理念。

基于量表的写作教学

专家简介

郭家海,江苏省"333"高层次人才科技带头人,特级教师,常州市高中语文学科带头人,"常州市中学语文写作教学郭家海名教师工作室"领衔人,"常州市中小学写作教学名教师工作室联盟"负责人,常州市优秀教育工作者,江苏技术师范学院人文社科学院特聘教学建设指导专家。

主编系列丛书"表达的升级"(初高中记叙文写作教程、初高中议论文写作教程、初高中散文写作教程共6册)等著作。

热身活动

阅读本专题之前,请您判断以下对写作教学的阐释是否正确:
1. 写作量表是一种衡量学生写作水平的评价标准。
2. 确立写作评价标准需要依据学生应知和能做的表现证据。
3. 基于"量表"的写作教学的学理依据是:写作课程与教学必须保持与课程标准、教材、教学与评价四者之间的一致性。

学习目标

通过本专题的学习,您应该能够:

1. 运用讲座中介绍的量表对学生习作进行评价。
2. 运用量表开展某一特定文体的写作教学。
3. 依据专题讲座中介绍的量表制作过程和方法制定某一文体的写作量表。

讲座正文

长期以来,我国写作教学由于不便操作、缺乏实际指导作用已经被许多一线教师悬置。

【观察者点评】你是否思考过评价在写作教学中的作用?

但是,一些西方国家在母语教学中广泛运用评价量表指导写作教学并取得较好效果,如美国"西北教育实验室"开发的"6+1 Trait ®(要素)"作文模式、英国斯科内尔编制的作文评价计划等。

随着教育部《基础教育课程改革纲要(试行)》的颁布实施,我们意识到应建立促进学生全面发展的评价体系,要充分认识**评价是培养学生正确认识自我、发展自我的一种重要的教育方式**。《语文课程标准》指出:"语文课程评价的目的不仅是为了考查学生达到学习目标的程度,更是为了检验和改进学生的语文学习和教师的教学,改善课程设计,完善教学过程,从而有效地促进学生的发展。"随着高中新课程改革的推进,结合高中语文课程标准提出的人才培养要求,我们提出了构建**基于发展性评价层级表**的高中写作教学体系的设想。

一、写作量表体系的建构

针对我国中学写作教学"**无具体目标,无系列教材,无评价标准**"的"三无"问题,我们以发展性评价层级表为指导,构建起如下一个高中写作教学表达升级体系,该体系以"观察、体验、阅读、思考"为基础,以具有不同学情的学生个体表达技能有效提升为目标。

一个完整的高中写作表达升级评价体系由三个部分组成:**基础性评价、发展性评价和达成性评价**。这些评价主要借助于发展性评价层级表的鉴别和驱动,其中,**基础性评价主要体现学前诊断功能**,以初中课标规定的表达交流目标为参照;**发展性评价主要体现发展升级功能**,以个性化的专题、专项兴趣层级为参照;**达成性评价主要体现专题能力学后鉴定功能**,以高中课标规定的表达交流目标为参照。

基础性评价和达成性评价居于这个体系的首尾,这两个评价都是使用专题整体评价层级表进行的。基础性评价是学生所选专题学习前的起点评定,有利于其形成学习的针对性。达成性评价是学生所选专题的学后鉴定,评价学生是否在兴趣专项方面达到有专业内涵的自由化表达,有利于其自我调整。三个层级的评价主体都是多元的,主要包括自己、班级同伴、教师和社会相关人员构成的学习共同体。社会相关人员主要指有条件的家长、老师和表达交流所涉及的媒体工作人员或读者、听众等。

【要点提炼】三个量表,三大功能:
1. 学前诊断。
2. 学中发展。
3. 学后鉴定。

【要点评议】
　　写作评价量表评价体系分三大部分,基础性评价和达成性评价居于这个体系的首尾,发展性评价是本体系的核心部分。大体涵盖了写作教学指导的三个环节:学前诊断、学程中发展、学后鉴定。这一个基本符合写作教学逻辑脉络的设计,属于"基于量表的写作教学体系"的"顶层设计"。

发展性评价是本体系的核心部分。它借助层级表对学生所选专题的学习进行技能达成升级。每个专题的学习都有若干不同的专项可以选择,每个专项都以发展性评价层级表为学习的驱动指针。这样一系列的"专题——专项"层级表又构成一个指导学习的"发展性评价层级表体系"。

根据发展性评价教学设计,专项表达交流能力养成教学流程可以分为"学"和"习"两个部分七个步骤。

"学"的部分主要指学习发展性评价层级表,其中包括四个步骤内容:

1. 了解专项知识(科学重构后的专项表达知识);

2. 研制评价级表(在教师提供的基本参照表基础上,全体学生参与、有条件的家长参与,研制出符合学生个体表达技能发展实际的个性化发展性评价层级表);

3. 学习策略方法(学习达成本专项技能可以参考的策略和方法);

4. 揣摩等级案例(对教师提供的同龄人不同等级案例及其修改升级案例、对照层级表以及策略方法的分析进行揣摩体会)。

"习"的部分主要指在知识和级表的指导下,运用策略、方法以得到表达技能的层

级提升,其中包括三个步骤内容:

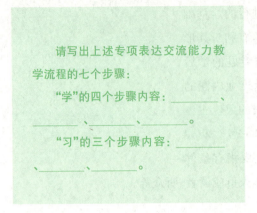

请写出上述专项表达交流能力教学流程的七个步骤:

"学"的四个步骤内容:_____、_____、_____、_____。

"习"的三个步骤内容:_____、_____、_____。

1. 进行情境演习(在教师提供的情境下,个人运用演习材料、所学方略进行初步表达演习);

2. 评价修改作业(小组合作,对照专项表达技能发展性评价层级表,对每个成员演习作业进行层级认定,分析出存在不足,提供对应的策略方法,并进行针对性修改,对修改后的作业进行二次评价);

3. 发表交流成果(将多次修改完善后的作业进行实践运用、展示或发表交流)。

发展性评价体系的价值在其起于学生表达水平的基本认定,终于学生表达水平的有效提升,其间是明确有效的行动。评价层级表贯穿写作教与学的始终,层级表是学生表达过程中实际操作的"方向说明书"。

【观察者点评】这几段文字你读了几遍?

发展性评价层级表是根据发展性评价的理念,将不同学段不同表达要求的训练重点加以分解制定出的一个科学的评价方案。其作用是将表达的理论知识化作可操作的行为术语来指导教和学,指导学生的表达实践,引导学生作自我评价和相互评价。

发展性评价体系中有一个非常重要的环节是反馈,此层级表一个重要目的就是引导学生有理据地对自我表达及时作出反思,发现差距,并借鉴一些成功的经验。

评价表的好处主要有三:一是从理性的角度为学生定位,使他们清醒地知道自己当下的表达水平等级状态;二是为学生提供明确的发展方向,使他们有"奔头"而不是茫然地表达,等待别人的评判;三是为不同水平不同层次的学生提供一个发展的台阶,一个可以随时自我矫正评判的参考。教师在自己使用或者在引导学生使用这个层级表的时候,需要注意两点:其一,可用方用,不必勉强;其二,要充分考虑到作者的原有水平和兴趣特长,目的在促进其发展,在脱离C级基础上向上发展,而不追求完全达到A+级的追求。

运用发展性评价层级表,大大缩短了学生表达由"生"变"熟"、从"拙"到"巧"的路程,从而提高表达教学的实效性。本成果以知识、能力要素逼近高中语文表达交流教学的过程化,不仅解决了"量"和"序"的问题,更重要的还在于围绕这些要素,分别设计成合理的训练步骤。它回答了这些问题:(1)什么时候,学生拥有了什么行为,才算达到了教学目标?(2)该以何种顺序获取?(3)其中每一步成功以什么来衡量?(4)我们怎样知道学生是否准备充分?(5)发现错误以后,以什么方式进行修正?

【要点评议】

发展性评价层级表最大的价值在于:

1. 将写作知识转化为可操作的行为术语并以此指导写作的教和学。
2. 关注学生特性,促进学生在原有起点有所发展。
3. 体现了学生主体性:有利于学生写作学习的自我定向,自我矫治与自我反思。

下面是我们研制的专项能力发展性评价参考层级表样例:

表一　高中叙述文·自我与读者发展性评价参考层级表

C级
- 缺少积极的写作需要,只等待老师评判,以获得老师的高分为目标;
- 没有读者意识或很少考虑读者的需求状况和接受机制,写作主要宣泄自我情绪;
- 有积极的写作需要,但缺少修改意识,只等待老师评判,以获得高分为目标。

B级
- 构思及写作过程有控制调节自己情绪的意识,但是缺少读者意识,没有读者(群);
- 有积极的表达交流需要,对写作的社会价值、交流意义有一定的认识。

A级
- 有控制调节自己情绪的意识,写作中能确定真实的读者(群)或虚拟的读者(群);
- 具有交流、修改意识,及时从读者中汲取有益修改意见,实现自我提升;
- 明确写作意义和可能的影响,深刻认识写作目的、价值意义。

A+级
- 明确读者要求,满足、引领读者,知晓读者的身份,使自己的作品贴近读者生活;
- 听取读者意见,及时修改完善。

> 表二　高中论述文·论点发展性评价参考层级表
>
> C级
> - 没有论点，全文缺少逻辑性，也无法归纳论点；
> - 论点表述华而不实、模糊不清或太空泛，缺少对写作概念、材料的针对性；
> - 有论点，但论点不合逻辑，片面、偏激，表达有语病，不通顺；
> - 论点低幼化，陈旧俗套。
>
> B级
> - 论点只是对事物现象的一种描述，只指出了一般的公理、规律，缺少针对性、准确性；
> - 论点正确、鲜明、专一，有个性特点。
>
> A级
> - 表述简洁有力，在鲜明的基础上有文采；
> - 论点在文章的位置醒目；
> - 论点具有深刻性：思辨性强，透过现象深入本质，能引发读者思考。
>
> A⁺级
> - 论点具有新颖性：有自己独特的观点，能够引起读者共鸣；
> - 论点具有人文性：提出关乎社会人性健康和谐的观点。

二、写作量表的开发及特征

开发写作量表，实质上就是根据学生的写作实际状况，开发出更小的、更切合所教学生实际的"一课型"教学内容。这可以在不同的环节积极引入学生参与，营造认知、情感上的共鸣，激发学生的学习兴趣。

具体开发过程如下：

> 【要点评议】
>
> 　　知识概念是写作课程的重要内容。课程内容的确定主要还应该由课程研究者、实施者来承担。学生参与其中究竟能够起到怎样的作用，可能需要评估。

1. 发现概念：可以让部分基础不错的学生在班级学习之前先提供两种相关"知识概念"，教师整理后在课堂教学中组织比对并开展讨论：一看学生个体对相关概念的原始理解，二让学生查阅资料摘录相关概念；

2. 修订级表：课前布置学生自己阅读理解层级表，课堂先组织小组讨论，提供小组共同认可的层级表以及班级全体同学认可的层级表；

3. 判断等级：选择若干篇符合文体专项要求的本班学生此前的作品，替换课题组已开发的等级案例（含相应分析），课堂上让学生判断本班同学的作品（未知状态下），再让作者自己判断；

4. 组织补救：让课堂学习效果好的学生组织对课堂学习效果不佳的学生进行课后补救（辅导、评价）。

这一评价体系具有三大特征：创新性、先进性和实践性。

创新性：利用层级表作为指导表达的工具，目标明确，方法具体。利用量表指导表达，在国外应用较广，在汉语写作教学领域，做得较好的是香港的同行。香港大学的谢锡金教授、岑绍基教授，香港中文大学的何万贯教授等均有研究和实践的推广，也出版了《量表写作诊断教学》《作文量表互改研究与实践》等著作。然而，由于两地语文教育研究沟通的不足，香港同行的研究和实践，国内一线老师所知不多，而两地的"教情"和"学情"也确有诸多不同。王荣生教授指出，"郭家海老师对写作知识开发、整合所花的心血，也含有创造的成分"。传统的写作教学也有目标，但那是一个笼统的大目标，学生看了不知如何运用，用北京师范大学刘锡庆先生的话说，叫"居高不能临下"。本成果**将表达总目标再分解为若干方面子目标，每一个方面子目标又提供C、B、A、A+四个发展性层级，层次清晰**。把表达交流指导与发展性评价层级结合起来，配以案例分析，便于操作。

先进性：运用"中介语言"搭设台阶，让学生有了奔向成功表达的阶梯。

学生的语言是"伙伴语言"，与教材范文的"目的语言"有较大的落差。所以，应该在范文的"目的语言"与学生的"伙伴语言"之间，设置一些"中介语言"，也就是接近同龄人又高于学生表达水平的作品，作为学习语言表达的台阶，**"从'伙伴语言'出发，经历'中介语言'阶段，向'目标语言'靠拢"**。

> 如欲进一步了解"中介语言"理论，参见《章熊语文教育论集》（人民教育出版社2002版）。

本成果从两方面扩大了"中介语言"的概念：一是从广度上，较广泛地展开了原来可能会被狭隘理解的"语言表达"，二是从梯度上，有C级及修改、B级及修改、A级和A+等四个层级的"案例"。本成果在体现了"伙伴语言"向"中介语言"过渡的阶梯的同时，将学生的习作与名家名篇的范文建立起了联系。

实践性：重视修改，让学生以"卷入"的姿态进行真实的表达。

本成果注重学生表达交流技能的"纵向运动"，即一次表达交流一个角度，进行多次修改评价，乃至对多个角度进行修改评价，不断讨论推敲、修改完善。这样，有了量的积累，自然就有了质的保证。

> 【反思】
>
> 用量表指导写作教学，这一思路好像与我们所熟知的写作教学很不相同，你是否思考过量表评价在写作课程与教学中的作用？
>
> 你的写作教学是否也曾经为学生提供一篇范文让学生模仿学习？你思考过这一行为的意义吗？这其实就是以范文作为写作教学的"量表"，只不过，这个"量表"过于笼统含混不便于教师的"教"也不便于学生的"学"。
>
> 写作发展性评价量表相比而言就清晰具体多了。这一量表是根据发展性评价的理念，将不同学段不同文体的训练重点作一具体分解，将比较笼统的写作理论知识转化为非常具有操作的行为，为学生写作学习提供一些"小小的规矩"。你能够指出这些"规矩"所带来的三个好处吗？
>
> 一是定位，让学生知道自己目前的实际写作水准；二是定向，使学生知道自己该往哪方面努力；三是定级，可以为不同水平不同层次的学生确定不同的发展台阶。
>
> 总之，这既为教师的写作指导，也为学生的自我学习提供了帮助。

王荣生评价本成果形成的著作《表达的升级——高中叙述文写作教程》时说："《表达的升级》既可以作为课堂里师生共同使用的课本，也适用于学生的自学提高。作为课堂使用的课本，关键是对量表的理解，结合'案例'理解围绕量表的相关写作知识，学生写作实践及师生的回馈、交流、反思。适用自学，编辑的姿态和编排体例就会起显著的作用，也就是说，学生既不是读一本'优秀作文'的习作集，也不是看一堆与自己写作实践不切身的'写作知识'，而是把'案例'、'知识'与自身实践挂起钩来，'把自己卷入其中'。"

总体而言，量表的应用对于帮助学生形成良好的写作能力具有重要的作用。评价量表贯穿了整个教学过程，一方面指导了学生的实践活动，另一方面促进了评价主体的多元化。评价主体的多元化充分发挥了多种评价主体的力量，使评价成为一个民主参与、多边互动、促进发展的过程。

其具体作用体现在以下四个方面：

① 评价量表有效地指导了学生的写作。学生根据量表的要求，认真反思了自己的文章，有了明确的修改意识和较大的发展积极性，从修改后的片段看，实验获得了较好的效果。

② 评价量表激发了学生自我评价意识。主要体现在学生能根据量表进行初步反思，自我评价；课堂评价过程中教师以量表为依据引导学生进行自我评价。这种内部评价让学生成为评价的主人，学生学会自我评价，不仅可以帮助学生认识自己现状与目标的差距，而且可以促使学生逐步学会自我监控、自我调整和自我完善，不断提高主体意识和自我教育能力。

③ 评价量表发挥了小组合作互评的效能。在个人反思修改的基础上，学生又根据量表，小组讨论个人"前评价"的准确性，进行及时的矫正，并进行了集体修改，每个人都在小组合作中提高了认识与评价能力。

④ 评价量表发挥教师因材施教的评价功能。运用评价量表，教师不但可以从面上引导学生自觉地进行反思与总结，引导学生的思维走向深入，帮助学生发现存在的问题，寻求解决问题的方案，发挥评价的改进功能，使每个学生都能在原有基础上得到充分的发展，还可以进一步加强因材施教教学工作，根据学生个人的前评价、修改、后评价、小组对其评价，进行更细致准确的指导。评价量表对课堂教学内容的生成发挥了很好的作用。

【要点评议】

基于量表的写作教学和传统写作教学相比并不是截然对立，但显然有一些显著区别。

传统的作文评价，做得比较细致的无非是从选择材料、组织材料、语言表达和书写等几个方面对学生的作文进行分项打分，然后把各项分数相加得出总分。依据传统方法，教师要么不知道自己的写作教学存在哪些具体问题，要么是知道问题但是不知道如何解决；学生也并不知道自己写作能力处在哪一个水平层级上，应该如何去提高以达到更高的层次。

发展性专项评价表能够对教师的教学起到诊断的作用，对于学生的学习起到激励的作用。简单而准确地呈现出教师和学生的欠缺之处，促进教与学

> 的进一步提升。量表对于等级作了较为详细的描述,所以用它来评定那些有着较为明显的步骤特征或等级层次分明的开放性强的作文试题,其效果会比其他方法更好。

三、基于量表的写作教学示例

如下一个写作指导的案例可能有助于我们理解量表在指导写作教学过程中的作用。

有一位学生写了一篇文章——《谢谢你,亲爱的王老师》,其中有这样一段文字:

【观察者点评】你能指出这段文字中的问题吗?

王老师看了小张一眼,耐心地回答着。我也上去,也想问问题,可小张一直占用王老师,只好退回去。这个问题一直问到快要上课才解决,小张神采飞扬地摇摆回位子,解决世纪难题的感觉好像不错,同学们想。

如何评价这段文字?按照以往的做法,基本上就是教师凭经验判断,学生凭感觉判断,标准不一,意见也未必一致。即使能够感觉出有问题,也往往难以清晰地理清问题症结所在。

但是,如果能够提供如下一张量表,教师与学生就可以凭借量表发现问题并且用以帮助自己修改上述文章。

层 级	专项写作能力状态发展性评价参照标准
C级	① 缺乏人称、视角运用的意识,人称、视角运用混乱。② 人物腔调与人物身份不太一致,甚至有叙述腔调混乱不一致现象,叙述腔调低幼化。
B级	① 自然状态下运用人称、视角,有部分地方禁不住推敲。② 叙述腔调学生腔比较严重,人物腔调缺少个性,大众化。
A级	① 人称、视角运用对主题、情感表达起到了积极的作用。② 叙述腔调符合叙述人身份,文中人物言语腔调大致符合人物身份。
A+级	① 根据主题、情感表达的需要,选用适宜的叙述人称、视角;通过角度的选择和控制,引导读者从最佳的角度观照、进入作品的现象世界。② 叙述腔调有个性特色,切合叙述人(采用的人称、视角,文中人物)身份。

根据本专项发展性评价层级表,可以断定上文与 C 级量表项目类似。这里用人称涉及第一、第三人称,采用全知视角,但有点混乱。对于人物的心理描写过于简略、动作、神色描写也不够细致,有些地方禁不起推敲。叙述平淡,没有新意。

如何修改呢?量表中的 B 级和 A 级指标都为修改提出了具体的方法。根据量表提供的帮助,学生做出如下修改:

  王老师瞄了一眼小张,又看了一眼题讲解起来。这时我也拿着本子上去了。可小张一直占用着王老师,不停问问题,一副不问到上课不罢休的劲头。看他出神地听,出神地问,我自以为比小张差得太多,在这里站着等实在太傻,只好灰溜溜地返回座位。

  小张的问题一直问到上课铃响、问到我的眼睛嫉妒得冒火才解决。小张若有所思,神采飞扬地回到位子。"像他这么一直问下去,不考第一都难。"我郁闷地想。

根据本专项发展性层级表,修改后的文段可以评为 B 级。

一张量表,基本解决了诊断、指导、修改、反馈等写作教学任务,应该说是比较有效的一种写作教学模式。

【反思】
  类似的学生作文你在教学中一定经常遇到。你是如何批阅的呢?你在批阅之后是如何进行讲评的呢?
  现在请你依据上述量表,再对修改后的文段作一番简要的分析,指出改作所展示出的优点。
  例如,这里改用了第一人称这一有限视角,更便于体现人物性格、细致描摹人物的心理动态和动作眼神。

四、评价实施的多元效果

这个体系既具有理智,又具有规则范围内的自由度,使表达交流教学彻底地摆脱畸形作文教学的困扰,以极其方便的可操作性提高了评价的客观性和真实性,提高了评价的针对性和适用性。

1. 实现学生培养个性化

本体系有效落实了"对话式"教学理念，实现了课堂教学形态的转化，形成了学习共同体，变"封闭性写作"为"合作性写作"，着眼于提高每一个学生的学习效率。

现行的"自由式"或"灌输式"写作，其实质是一种"封闭性表达"，这是学生害怕写作的根源。有时，看似"自由"的写作教学其实是放任个别有兴趣爱好的学生低效地乱闯乱撞，同时让绝大多数中等生、学困生失去兴趣，原地应付式打转。这种写作教学倡导个人化的呓语，排斥社会性的交流，忽视学生间的对话，教师与个体学生的对话多流于"情感"的共鸣，缺少理性的引领。至于应考的"灌输式"写作"指导"则多是"快速作文"类的投机和僵化训练，根本不是在开展表达活动，提升表达能力的教学目标的实现自然无从谈起。

本体系在层级表的指导下，借助"小组学习"展开"对话式教学"（合作性学习），既保证了教学的方向，避免了学生"开无轨电车"，又充分激发了学生的自我认知、群体判断，使学生间形成具有良好倾听关系和合作关系的"学习共同体"。"学习共同体"不仅是学生学习成长的场所，也是教师专业发展的场所，还是社区的家长和居民参与学习的场所。本成果具有"公共性"、"民主性"和"卓越性"三个基本特性。"公共性"要求自我表达能倾听他人的声音，也能宽容、尊重他人的多样性的表达。这样互相倾听，互帮互助，从而实现表达水平的大面积提高。"民主性"意味着学生、教师、家长都是表达的主体，多样化的表达方式必须受到尊重，这首先在层级表的"个性化"上体现，更在表达成果的"个性化"上体现。这里所谓的"卓越性"不是指比他人如何优秀的"卓越性"，而是指基于原有基础的尽其所能、达于更高层级境界这一意义上的"卓越性"。

这种基于层级表的共同体合作学习可以有效提高每一个学生的学习效率。

多年来，许多具有写作天赋的学生才能不能得到发现，更不能得到有效培养。基于发展性评价层级表的写作教学可以有效地检测出具有一定表达方面天赋的特长生，让这些学生自己能认识到自己的特长，并以层级表为抓手，运用相关的策略方法培养发展学生。

有一些学生由于早期形成了一定的表达障碍，到中学后又缺少改变的机会，运用发展性评价体系教学，就给具有表达障碍、表达基础薄弱、表达兴趣淡漠的后进生提供了发现自己专项优点的机会，提供了专项学习选择的机

【观察者点评】你的学生主要属于哪一类？你有针对性的写作教学策略吗？

会,提供了自我发现、自我发展的机会。

对于表达水平一般的学生,传统"自由式"的感性教学往往掩盖了其表达的不足,使其滞留在一种比较浅显的状态,无法找到晋升的方向和方法。本课题成果为这些中等生提供了晋升的渠道和策略。在发展性评价层级表的引领下,在相关策略方法的支撑下,在教师的有效组织下,这部分学生将会在合乎自己兴趣的不同方面取得显著的进步。

2. 支撑教师发展专业化

本体系为教师成为"反思性实践家"提供了帮助,促进教师专业化、专业素养的提升,有利于教师一线教学的组织、实施,使得教学评价得以准确落实。

"反思性实践家"是近年来支撑教学研究的重要概念。从反思性实践的立场看,缺少针对学情的预设,缺少学生、备课组同事共同参与的"研究共同体"的反思整合,教师的教学行为是危险的。在"研究共同体"中成长的教师,不仅从自身在他者的镜像反思性实践中得到学习,而且教师彼此之间在尊重各自理解的同时得以交融。基于发展性评价层级表的表达升级体系教学不仅让学生以卷入的姿态投入到特定的表达中,也让教师以卷入的姿态投入到特定的表达中,从而产生"学习定位(反思)——讨论修改(反思)——评价交流(反思)"这样一个螺旋式的教学反思效应。这样的反思可以使教师的教学从"技术性实践"转型为"反思性实践",真正迈入专业发展与教学革新之路。"反思性实践"使语文教师直面"口语交际、写作教学"这一复杂表达教学情境,运用来自经验的知识来反思教学、从而创造教学的实践。"反思性实践"有助于增长教师教学的临床知识与实践智慧,而教师的临床知识与实践智慧恰恰是创造精彩教学的源泉。

相对而言,中学语文教师在教学中主要精力几乎都在课文文本的阅读理解教学上,加之课标又缺少对写作的具体指导,手头又缺乏相应的教材,所以,"写作"这半壁江山长期处于荒芜状态。本体系及其所开发的教材,可以为一线教师提供翔实的参考,进而有效组织教学,因材施教评价学生,使所有学生在写作方面都能得到不同程度的发展。

3. 完善课程建设

本体系促进了高中语文课程建设,有利于高中语文课程的教学选择。百年来,"语文"学科课程在本质上一直存在不同理解。有人把种种"大语文"、"非语文"、"泛语文"的东西强加给语文,使语文学科界域模糊、目标游离、内容庞杂;有人则一味地以语言的习得机制为依据,

> 请写出这一写作教学体系的三大作用:
> 1.
> 2.
> 3.

片面地认为学生通过大量的读写实践就能"举三反一",自然提高语文能力,忽视甚至否定了语文素养"系统学得"的可能与必要。现代学校教学,要求有明确统一的教学内容,有普遍适用的教学操作程序,有客观准确的检测尺度和方法。本体系就是从这个意义上支撑了语文课程建设,使之从操作实践的角度体系化。课程设计在坚持打好学生基础学力的前提下,给课程内容留有更多选取的空间,使课程内容更富有弹性。着重研究基于人文性基础的科学性教学,在可能的范围内为广大教师提供教学的选择,使高中写作教学由"暗中摸索"走向"明里探讨"。

问题研讨

是否可以说基于量表的写作就是一种非常完美的写作教学模式呢?

基于量表的写作教学的确有着诸多优点,它是对目前写作课程的补充与完善。但我们知道,没有一种具体的课程形态可以包打天下,我们应当追求具体写作课程形态的多样化而不能定于一尊。事实上我们还应对运用评价量表的教学方式进行反思。

1. 基于量表的写作教学并不企望能够一劳永逸。因为写作是一项综合性的复杂的学习,有着先天的"不可教"性。我们所要"教"的只是为着两点:一是让具有写作天赋而缺乏表达意识、方法、技能的学生能艺术地表达;二是让这方面天赋不足的学生能了解进而掌握一些基本技能,在需要的时候能够有模有样地比较通达地表达。

2. 评价量表认为学生的写作可以呈现他们的发展,认为写作成果是能够被观察、分类和分析的,但由于评价者、被评价者对于量表层级划分在认识的一致性方面存在问题,以此为依据的分级存在概念上的模糊性,因此评价者对学生写作质量的评价在可操作性方面面临挑战。

3. 用发展性评价量表来评价学生的写作区分度比百分制要低,且具有多次修改、多次评价的要求,不适合大班额教学,更不适合大规模地考试评价。

4. 学习习惯、状态以及学生个性特征、能力等等都可能影响学生写作的质量,这些因素的相互作用难以控制也难以量表化。

资源链接

1. 岑绍基:作文量表互改研究与实践[M].香港:香港教育图书公司,2005.

2. 郭家海：表达的升级——高中叙述文写作教程[M].北京大学出版社,2009.

3. 蔡伟：作文评改质量标准研究[J].课程·教材·教法,2008(11).

后续学习活动

《美国语文》一书中的写作学习任务设计非常有特色,该书经常将写作任务和写作评价量表加以结合。请分析如下一则材料,并回答几个问题。

【作文题】

和一组同学一起选择一个你们认为应该改变的学校里的问题或情况。然后写一封给校长的建议信,解释为什么这种情况需要关注,以及你们认为这种情况需要改正的原因。

【写作评价标准】

1. 恰当地运用因果关系；

2. 使用了有力的语言使论证具有说服力；

3. 列出必要的细节支持每一种原因；

4. 使用礼貌正式的语言；

5. 论点清晰,段落安排具有条理性。

【分析回答】

1. 写出上述作文题目设计的合理之处。

2. 写出上述评价标准的主要特点。

3. 与上述评价指标相比,我国高考作文"发展等级"(深刻、丰富、有文采、有创新)等指标有何不足？

课例研究
工作坊

小学课例：作文里的时间

执教教师简介

周子房，基本情况见前文专题相关内容。

课例导读

目前在写作教学过程中，教师经常组织学生开展各种类型的活动，常见程序是：教师设计活动——师生开展活动——学生写活动，其目的是解决写作"无米下锅"的窘境。但是，写作教学绝对不是简单地让学生活动一番就了事的。为什么开展这些活动？如何设计组织活动？如何使得活动与学生的写作学习发生关联，这些问题需要我们认真思考。

周子房老师的这一课例的成功之处在于教师设置一个又一个写作学习活动。整个写作学习过程都由这些活动串起。最终使学生不但认识到把文章写长应该拉长"作文里的时间"，而且还能够在写作中掌握并有效运用许多具体而有效的方法。

这个课例回答了许多语文老师的疑惑：在写作教学中如何设计并组织写作学习活动？

热身活动

1. 你喜欢在写作教学过程中开展活动吗？

2. 请说出写作课堂上开展活动的几种不当方式。

教学实录

一、布置任务

师：现在我给每位同学发一张纸。等会要求大家5分钟内在这张纸上写上一百来字的作文。

生：不行,不会……

师：其实这并不难。大家只要在这堂课上积极参与,就一定能够做到这一点,可能还不止写100字呢!假如说我们今天的活动结束时你还写不出来,那就是老师的问题,是老师没有教好,不是大家的问题!那么同学们该怎么做呢?很简单,大家只需注意观察,然后放开笔尽可能去写就好了。

注意了,我马上做一个动作,这个动作大概七到八秒钟完成,请大家把它写下来。明白我的意思吧?再重复一遍:等一下我做一个动作,动作做完以后大家要把我做的这个动作写下来。眼睛好好盯着啊,准备好了啊,从我一进教室就开始算啊,现在我还没出去,不算。(教师走出教室。然后大步走进教室,走上讲台,一拍桌子,大声说:看后面)

请大家马上写。写5分钟。标题自己定。

(学生写作。5分钟后)

【观察者点评】你做过这样的活动吗?

师：好,同学们,就写到这里吧!现在哪几位同学想来读一读自己刚才的即兴之作?如果不行我就点名,最好是自己表现一下,没关系的。啊?再给两分钟啊?好吧,再给一分钟,就一分钟。……好的,有的同学已经站起来了。好,你把自己的读一读,大家先听一听。

生：今天星期三,尽管雨过天晴,但天气依旧很暗。又到了下午第一节课,周老师还是扛着那副熟悉的大眼镜,穿着黑大衣威严地走进了教室。不知什么原因,他一进教室,关上门,手往桌子上一拍,让我们往后看,我们都惊呆了。

师：大概多少个字?数一下,今天我们写作,字数是一个很重要的指标。还有哪位要发表一下自己的作品?可以只说思路,没写完的可以说思路啊!

生：我写的比较简短。(读)教室的门被打开了,周老师走进了教室。只见他随手关了教室门,然后面向全班同学,伸出右手啪的一声在桌子上拍了一下,说:"同学们看后面。"

师:好的,谢谢。

生:我的题目是"子房发怒了"。(读)一张憋得通红的脸,子房老师从教室外踏进来,牙关咬紧,不大的眼睛在亮晶晶的镜片后面闪着寒光,加上竖眉就更加怪异了,不知什么原因让这位老大胸闷气喘了。黑衣夹裹着风,怒目圆睁,两步跨上了讲台,大手一指,手往后面一指,看后面!!!三个感叹号从嘴边蹦了出来。

> 学生的起点。注意教师如何在此起点上做文章。

师:我们给她一点掌声好吗?写得真不错。时间关系,没有让大家尽兴,这个环节,我们就先活动到这里。现在呢,我要提高一点要求了。就这么几秒钟的事情,如果要大家写成一千字的文章,大家觉得有困难吗?

生:(大叫)好难啊,肯定不可能!

二、讲解知识

师:那我今天要做的就是要想办法把这种不可能变成可能。现在老师要教大家一个诀窍。请大家看两个影视片段,大家要带着问题看啊!看什么呢?看姚明打篮球。(播放姚明灌篮录像)

喜欢篮球的同学肯定知道,持球进攻的时间应该是多少?24秒对吧?如果24秒之后姚明还不投篮,他的球权应该给谁?给对方,对吧?这是真实篮球比赛中的一个规则。

> 用计时器大有深意!

下面我们大家一起来看一段动画片。(播放《灌篮高手》)请看看流川枫进攻花了多长时间。请大家一定注意,等一下我要提问的。这里有计时器,请这位同学来计时。

视频解说:流川枫进攻了!接到同伴的传球,他以迅雷不及掩耳之势,朝对方的球区跑去。(1秒、2秒、3秒……)流川枫跑着、跑着……(21秒、22秒、23秒)流川枫还在跑着、跑着……(28、29、30秒)

终于,流川枫进攻了。他没有把球传给任何人,而是晃了一晃,做个假动作,一步、两步、三步,好一个漂亮的三步上篮……

就在这一刻,1秒、2秒、3秒,流川枫在往上空飞升……4秒、5秒、6秒,他仍然在往空中飞升……7秒!就在7秒时,他突然停住了,右手高高地举起,五指紧紧抓住圆圆的篮球,8秒、9秒、10秒……

这时,全场在轰动,有人露出了惊恐的神色;有人表现出欣慰的惊喜;有个对方的高个子队员张大了嘴巴,恨恨地骂道:"可恶!"还有个姑娘把嘴张得大大的,眼睛里含着眼泪,高声喊道:"太棒了,太棒了!"

"哐"的一声,流川枫终于把手中的篮球扣了下去,而这时篮球在他的手中已经足足有三分钟之久!

看完录像后教师问学生流川枫投篮用了多长时间,学生答189秒。于是大家一起计算:姚明灌篮24秒,流川枫灌篮189秒。这之间165秒的差距是哪里来的?为什么《灌篮高手》中的投篮过程会多出这么多的时间?

生:因为动画片里增加了有关场外教练和观众的内容。

【观察者点评】学生知道很多知识,却总是不会用。为什么?

师:哦,有场外的观众,有教练,还有呢?球员的想法,如果说用我们大家很熟悉的术语来讲,这些内容应该怎么叫什么?描写,对吧?我请一位同学上黑板来写一下,行吗?大家说说看它有哪几种描写?

(学生七嘴八舌:心理描写,语言描写,动作描写,神态描写……学生一一记录在黑板上)

师:还有吗?

生:心理、场面描写。

师:好啊,大家看看,心理、语言、动作、神态、场面,这么多的描写方法其实大家都知道啊!可是,为什么我在大家的作文中几乎看不到这些呢?这些知识老师平时跟我们的同学讲不讲啊?为什么没有用啊?

生:没有看过这个片子。(众笑)

"拉开"时间的基本策略:
1. 心理活动。
2. 语言动作神态。
3. 周围环境。

师:那么现在我们明白了一个问题:**很多知识大家都有,但是不知道运用**,是吧?现在我们来讨论"流川枫"这段录像,它和姚明投篮的录像相比最大的区别就是**把时间拉开了**。大家看,教练在表达自己的心思的时候要不要时间?(生答:要的)然后写外面的观众反应,要不要时间?(生答:要的)一个个观众写过来,要不要时间?(生齐答:要——的)。很好,那么,刚才同学们写我刚刚做的那个动作,为什么都只写我,为什么不去写当时的环境啊?有没有同学写当时你的左邻右座是什么样子的啊?都没有写哦!大家想想,如果把这个加进去会多出多少篇幅?当时你自己心里不是有很多的想法吗?为什么不去写呢?刚刚有位同学也写到一点,他在推测我干吗这么生气,这就开始有点感觉了,对不对?你想这些内容要写进文章去该有多少呢?

【要点评议】
　　借助"姚明灌篮"和"流川枫灌篮"两段视频,让学生经验到了"生活时间"和"艺术时间"的不同。最关键处在于教师揭示出录像中所蕴含的关键知识。让录像中蕴含知识呈现出来为学生理解最为关键。

下面,我们再来看一个动画,大家注意哦,这里面还有点新东西。
(教师播放动画)

最著名的就是所谓"小姐下绣楼,下了两个星期"的例子。

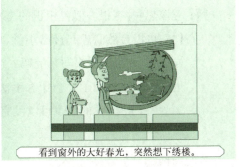
看到窗外的大好春光,突然想下绣楼。

旁白: 有一种曲艺叫做"评话",说"评话"的艺人也就是说书先生。说书先生就很有一套把时间拉长的本领。

譬如,今天他说到古代有一位闺房小姐,看到窗外的大好春光,突然想下绣楼,到院子里去感受春天的气息。说书先生首先说说这位小姐的相貌举止,兴趣爱好,再要介绍她的心理状况,还要描写她的丫头、佣人,如此这般,一讲就讲了两个半钟头。这时,"醒木"一拍:"众位,若知小姐究竟如何下这绣楼,且听下回分解。"

第二天,小姐准备下绣楼了,但是,总得打扮打扮哪。于是如何涂脂,怎样抹粉,如何上耳环,怎样挽发髻。发髻起先怎样挽得不好看,小姐不太满意,拆了重来,等等等等,如此这般。一讲又讲了两个半钟头。这时,照例醒木一拍:"众位,若知小姐究竟如何下这绣楼,且听下回分解。"

第三天还有第三天的事情,譬如说小姐刚走到楼梯口,突然想到应该拿一把扇子。又回头去拿扇子。总得描述描述那把扇子的来历吧,因为这把扇子还是她父亲的朋友送的,而这位父亲的朋友又是一位英雄人物啊。于是,又一次"且听下回分解。"

这样,小姐是不是要走两个星期还下不来绣楼呢?

请写出拉长时间的三种方法:
1.
2.
3.

师:好,请大家注意思考一个问题,刚刚这个小姐下绣楼,它跟前面的流川枫灌篮有相似的地方,还有不同的地方,大家有没有发现?它还用了什么?悬念,还用了什么?穿插故事,插叙对吧?插叙一般都要靠什么?一般都要靠打开自己的什么。更重要的是要展开联想想象,要联想。比如说,我刚刚做的这7秒钟的活动,你有没有回忆到你以前的老师生气是什么样子呀?

生:没有。

师:应该想啊,有很多似曾相识的事情或者人物嘛。你看到周老师今天很生气,你就可以自然联想起自己小学、中学的某一个老师也曾经如此,可以吗?这样一来,你说这故事写得完吗?讲得完吗?大家有没有明白一个道理啊?这里动画片它是用了一个什么手法?联想,正是这个联想,把很多的插叙插进文章了,于是,你的故事可以没完没了地讲了,对不对?

【要点评议】

在教学中,日本动画片《灌篮高手》中的"流川枫灌篮"片段和动画"小姐下绣楼"的先后呈现,使学生在比较中能进一步领悟到:在不同的艺术形式中,时间可以随着作者的需要,任意地拉长。生活中发生的再短的事情,也可以通过各种手法,写得十分仔细、具体与丰富。

大家看看,假如还写刚才我那7秒钟的活动,单单就拉长文章而言,是不是可以无限写下去?现在,如果我们暂时不管主题如何,事实上我们是可以把这个故事无限延长地写下去的。所以,假如重新要求把刚才的文章再写一遍,大家还会觉得写1000字

很难吗?(生答:不难)

三、运用知识

当然,也可以不写那个,有想写点别的同学吗?写什么?就写一写打喷嚏如何?如果愿意的话,不妨也用刚才这套办法试一试,写写你在别人面前打喷嚏的糗事。我相信这回大家的感觉一定不一样了。

(学生很投入地埋头写作。10分钟后……)

师:哪位同学写好了,读一读和大家交流交流。

生:我写的还是周老师刚才的动作。(读)

哟,今晚风光不错,但还是要看老师的脸色,全班同学坐在椅子上等待老师的出现。不一会儿,老师出来了,如同抽风似的,脚踩在地上,咚咚直响。霎时,同学们炸开了锅似的,议论纷纷,有的说今天老师心情不好,小心小心;有的却不以为然,没事没事。只见老师走到讲台前,右脚一蹬,这下同学们的脸全都晴转阴了,心里都想:一定是考试考得不好。

仔细一看,老师脸上红得不能再红了。虽然看不见,但也知道老师的牙齿,一定是齐刷刷地咬在一起。只见老师伸开手掌,用老师级排山倒海的力度拍在了讲台上,乖乖,这一拍不要紧,山崩地裂,宛如地震般恐怖,可能老虎见了都害怕。我们立刻像蜗牛般缩起来,这回心里想的不是怕,而是超怕,竟是超超怕!

> 周老师做了几件事让学生觉得写千字并不难的?
> 1.
> 2.
> 3.

没有心思再去想与课堂无关的事,只见老师提起这手,等一等,这手可能练过老师级弹指神功,我还是捂着脸早有防备的好。一定有同学要遭扁了,有的同学还幸灾乐祸,笑着说,哈哈,我没事就行了。不过,令人浑身发抖的事情发生了,老师的手倒是没干什么,而是用起七级虎啸狮吼功了,就在零点零一秒的时间内,我们齐刷刷地捂住了耳朵,脸也不管了。更令大家意想不到的是,老师居然没有讲某某某考了多少分,某某某不及格,而是响亮地叫了一声,看后面!

我们就像全部被施了法术一般,脖子全都往后扭,哎,没什么呀。

唉!几秒钟的时间,老师没发什么火,我们竟然草木皆兵。

虚惊一场!

师:好,写得真好啊。谢谢你。对照刚才所讲的几点,大家看看他多写了哪些东西。还有打喷嚏的作文吗?

【要点评议】

　　为什么老师在学生读完作文后并不多加评论?因为,他教给学生的知识非常明确并且单纯,学生既然已经很好地运用,教师便不必多言。

　　生:(读)我的鼻子突然感到很痒很痒,痒得钻心,我像猴儿那样耸了耸鼻子,用拇指和食指捏着鼻尖揉了揉,想制止喷嚏的出现。因为现在绝不是该我打喷嚏的时候。你要知道,我犯错误了,语文老师正把我叫到办公室桌子前,对我进行思想教育呢,如果我这时打起喷嚏来,老师岂不是以为我在捣蛋?想到这里我咬了咬嘴唇,这时语文老师那圆鼓鼓的眼睛正瞪着我,确切地说是瞪着我的鼻子。顺着她的视线,我看到了我的鼻尖,它在我的眼前像一座小山丘,小山丘仿佛要出现地颤,因为我分明看出山上已经冒出细细的岩浆。鼻子又痒了起来,不知道是被老师看痒的,还是有一只小虫在鼻子里作祟,我有些忍不住了,全身抖了一下,像是要把鼻子里的小虫驱逐掉,摇摇晃晃的。

　　"干吗,站好,看着我!"语文老师说。我站得笔直,但是鼻子已经完全不听使唤,那感觉又来了,我连忙用双手伸出来,掩住鼻子。我想我的鼻子和语文老师离得这么近,如果这个时候爆发,一定是直冲着语文老师的脸去的,那就更不得了了。但是忽然间鼻子又不痒了,我理所当然地把双手放下。

　　然而,恰恰就在这放下手的瞬间,鼻子又奇痒起来。说时迟,那时快,我再也克制不住,张大嘴巴,闭上眼睛,不由自主地猛吸了一口气。迷糊着看见老师一双惊异的眼睛和像避开炸弹似的调头的动作,我已经没有对老师的表情做出反应的时间和能力,再也忍不住了,"阿嚏"一声!我狠狠地将头往前一冲,腰一弯双手一拍大腿,右脚一蹬地,终于完成了这个可怕的喷嚏!

【反思】

　　对照学生前后的习作,可知学生进步巨大。你以往的写作指导曾经产生过这样的效果吗?请想一想周老师设计了哪些活动?他是怎样组织这些活动的?

四、增加难度

师：写得真好,谢谢。你课后要把这篇文章打出来给大家欣赏啊。下面我想做个游戏。请大家回到童年,咱们来玩一下纸飞机好不好?大家想一下,然后判断一下,飞机在你手上,然后让它飞出去一直到飞机落地,估计有多长时间?

> 这个游戏可不只是简单让同学们乐一乐而已哦!

生：三四秒吧?或者还不到。

师：好,就算三秒吧。我要求我们六年级的同学至少写出400字,想不想来试试啊?好,大家拿到老师发下来的彩纸后请认真折一架纸飞机,其实折飞机本身就可以写作文啊!然后呢,再给你的飞机取一个名字,这个名字要有创意啊。大家会折飞机吗?不会?不会就将就着折吧,你喜欢折成什么样子就折成什么样子。

(学生饶有兴味地折起了纸飞机)

师：好,都叠好了吧?都折好了,那听我指挥!好,全体起立。把飞机举起来,自己感受一下。现在大家心里都有想法的,不是老师一说起立就都忘掉。有想法吧?采访一下,有什么想法?

> 不是为活动而活动。让学生感受,尽量放慢动作,一边体验,一边表达。

生：我的想法就是我的飞机要飞得更远更高。

师：希望自己的飞机飞得更远更高,好想法哦。你呢?

生：我在想我折的这个飞机能飞起来吗?我担心它飞不动。

师：好,有想法就行,你的想法一定要记住。大家也都要记住啊!好,做好准备,全部举起来!预备——等一下,等一下,我发现有个同学动作很特别。就是你,(教师指一位同学),你来还原还原,刚才是怎么做的?(该学生做出刚才的动作)这个很重要的,大家注意看一下他的动作,身体往后仰,脚跨出弯弓。你说说看,你为什么要做这个动作?

生：我想让它有一个冲力嘛,这样容易往前冲,可以飞得远一点。

师：你们有想法,很有想法,该怎么飞,好,准备——

生：起飞!!

师：哎，不要不要，听我指挥啊！千万要听指挥啊，否则重来啊。别急着起飞！请大家再注意一下，看一看你的两边同桌，你左边是谁，右边是谁，他是什么表情，你估计你的飞机飞得比他远还是近。再想一想你的飞机飞出去以后是一个什么样的弧线，空中会出现什么样的场面，你一定要先想好啊，你在飞之前你就必须要把这个猜测写进去文章中去的呀！你可以猜测，对不对？

好，现在大家开始放飞吧！无论往后、往前，向上飞都可以啊！

【要点评议】

这个地方教师磨学生起码磨了五分钟以上。究竟是为了什么？值得思考。

实际上就是为了把一个非常简单的过程全部切割开来，否则学生很容易马上遗忘。正如学生经常玩游戏，但玩玩就淡忘了。为什么不让学生马上放飞呢，其实就是想通过这个方式让学生把这些细节全部记住。因为心理活动一闪而过，是很容易遗忘的。你用什么动作，你猜测你的飞机会怎么飞，全班是个什么样的场面，这个时候老师有哪些表现，这些内容教师都要引导学生关注。

在关键的地方放慢教学的脚步。这是一个重要的教学原则。

学生活动的时候，教师让他排队，排成各种形式。要折磨学生很多次，就不让他飞，学生非常想飞就不让他飞，这时候我来采访你……因为只有这样，学生才会记得住，当学生受到这样的训练以后，他就会形成这种习惯，他会想自己的生活中其实发生过许多比放飞纸飞机更有趣的事情，我都可以把它写成文章。这种课堂演示有很重要的功能，它使得作文具有可教性。

生：向上飞不了吧！

师：飞不了啊，那你爱怎么飞就怎么飞吧！一、二、三。放飞！注意观察飞机的飞翔路线，看看飞机如何落地，再看看放飞纸飞机人的表情。

（学生开心地放飞飞机，注意观察飞机的姿态和同学的表情）

师：好好好，坐下来，坐下来。同学们，我们难得回到童年啊！接下来，如果要把这个过程写下来你看你能写多少字啊！你们预计一下。

生：（七嘴八舌）1000字！1500字！

师：嘀！能够写千把字了啊！看来现在用1000字的篇幅写几秒钟的事情已经没

困难了,是吗？你们觉得有困难吗？

生：没有困难。

师：是不是真清楚怎么写了？

生：清楚了。

师：由于时间关系,我们没法在课堂上写1000字的作文了,那就把它作为课后作业把刚才的事情写出来吧！行吗？

生：行！

（课后,周老师专门分析了学生完成的作文状况,发现这些六年级的学生在经过教师指导后多数已经掌握了"拉长时间"的手法。在写"飞纸飞机"这一事件时,学生对于只有两三秒钟内就完成的事情洋洋洒洒写了许多有趣的内容,作文平均字数达到523个,写得最长的同学竟然写了1037字。全班30位同学,有25位能将"飞飞机"过程具体地、多角度地展开来写）

问题研讨

本课教学为何能够获得成功？

首先在于教师提供了具体明确的知识——"拉长时间"。这一知识的背后是教师对写作的本质认识。因为生活中的很多东西都是同时发生的,如果我们要把这些同时发生的事情写出来,就需要逐一把这些事情展开。学生这时的困难在什么地方呢？就是文字的线性特征和生活的全息性特征之间的矛盾。教学的关键在于：文字表现虽然是线性的,但我们如果能够多组织若干条线,就可以构成全息性的立体化的生活。但是这样的知识非常抽象,即便教给学生也无助于学生的写作。如果教师在课堂上只给学生讲一通这个道理,之后再让学生写作,其效果一定是大打折扣。这时就需要教师的设计。如何设计呢？

教师通过几个活动对这些知识的加工方式别具一格：视频"姚明灌篮"、"流川枫灌篮"片段并且与动画"小姐下绣楼"进行比较,使学生非常直观地认识到了"作文时间"同"艺术时间"一样皆可根据表达的需要进行"拉长"。

这一课例给我们最大的启发是：教师在设计教学时,要特别关注教学材料的选择。姚明灌篮与流川枫灌篮,有相同的一点,那就是篮球。也有不同的地方,那就是：一个是真实的生活,一个是动画。经过教师的对比点拨,学生掌握了这样一个知识：

艺术的时间和生活的时间不同。教师通过对比把关键之处凸显出来。其次,从流川枫灌篮到小姐下绣楼,也有异同。相同的是:二者都是艺术中的时间的拉长。不同的是:方式的差异。一个用了大量的描写,一个用了许多插叙。

这些知识的提炼与获得仅仅靠传统的例文教学是很难达成的,多年来,语文教师经常试图通过范文为例,试图教会学生写作,但效果每每不尽如人意。原因何在?因为任何一篇范文都是综合各类写作知识要素的浑然一体的综合体,学生难以从中分解出需要的针对性知识。因此,本课例中教师充分发挥了多媒体等相关资源的教学优势,从录像片和动画片中提取有效的写作知识。

第三,在老师的帮助下,学生还结合自己个人的体验总结和提炼出了拉长"作文时间"的方法:描写(含外貌、动作、语言、心理、环境等描写)、联想、想象、插叙和倒叙等。这是教师与学生合作所提炼出的有效的关于"怎么写"的知识;这些知识并不是一种单纯供学生记忆背诵的静态知识,而是可以运用的活化的知识。

第四,教师设计了非常丰富的"学的活动",有学生的"试写",学生在教师指导后的"重写",有学生在教师要求下的"分解动作",还有学生的被激发起强烈兴趣后的"课后写作"。写作是一种实践性很强的行为,没有课堂上的学的活动,就难以形成基本的能力;写作既然是实践活动,如果没有一定的知识参与,同样无法发挥实践的重大作用。

善于将有效的知识融汇于写作活动情境中,这是本课例成功的关键原因。

资源链接

1. 李白坚. 21世纪我们怎样教作文(中学版)[M]. 上海:上海教育出版社,2005.
2. 李白坚,张赛琴. 21世纪我们怎样教作文(小学版)[M]. 上海:上海教育出版社,2003.
3. 周子房. 技能作文·活动作文·功能作文[J]. 当代教育科学,2011(4).

后续学习活动

任务1:你是怎样理解写作教学中的各种活动的?请从以下说法中选择你认为正确的项(可以多选):

A. 活动就是让学生玩一玩,活跃课堂气氛;

B. 活动是为了给学生增加写作内容；

C. 活动是为了给学生创设一种情景；

D. 活动可以把一些知识融入在其中便于学生学习。

任务2：你认为周老师的写作活动指导方案最主要的特点是：

A. 活动有明确目的；

B. 活动中包含知识；

C. 活动简单易行。

任务3：联系本书主题报告中王荣生老师介绍的有关"描写橡皮擦"的内容，参照周老师的课例，请你设计一个简单的写作活动指导方案。

【活动情境】请学生尽量屏住呼吸，写出屏息过程的感受。

【知识内容】拉开时间的策略（参见课例）

【教学活动】

1.

2.

3.

小学课例：描写的奥秘

执教教师简介

郑桂华，基本情况见前文专题相关内容。

课例导读

描写是写作的基本功之一，也是初中作文教学的重点内容。

因此，许多语文教师在作文指导课上，总是反复训练学生描写，但是效果却并不理想。教师不断要求学生"描写具体"、"描写生动"，但是，如何才能做到描写具体、生动呢？对此教师往往语焉不详，更缺乏带有方法意义的、可以操作的训练。要改变描写教学这种笼统地提要求、抽象地做指导的现状，就需要针对"描写"这个训练点，找到一条具体的教学路径，设计一级级台阶，引导学生进行一系列具体的训练，使学生对描写的认识，一步一步由不知到知，使学生的描写由不精彩到精彩。

郑桂华老师曾在不同省份、面对不同程度的学生采用过不同的"描写"教学，差不多都取得了较为理想的效果。从实录中可以看出，稍加训练后，学生描写的场景、语句都相当精彩。

此处我们选择一个简版课例和一个详版课例作为对照，也许可以使语文教师同行从中得到更多的启示。

热身活动

阅读本课例之前,请您先完成下面几个问题:

1. 你认为成功的描写主要有何特点:

    A. 运用好词好句

    B. 观察准确细致

    C. 写出描写对象特征与情态

2. 有效描写教学的关键在于:

    A. 了解学生在描写中出现的问题,实施针对性干预

    B. 从优秀作品中学习描写的经验传授给学生

    C. 从写作原理中提取重要理论指导学生学习描写

教学实录

课例一

简版描写教学

郑老师先问同学:你们会描写吗?同学都说会。于是老师拿出一张图片,让三位同学上讲台来描写图片中的情景。

第一个男孩子很认真很热情地上来写:

"两只青头鸭,结伴在碧绿的江水上嬉戏。它们沐浴在早春的阳光中,欢快地叫着,互相在水上追逐,拍打着翅膀溅起一堆珍珠似的水花。真是春江水暖鸭先知。"

念完后,下面听课的上千人热烈鼓掌,那小男孩得意得不得了。老师们为什么热烈鼓掌?因为大家觉得学生写得很好了。有一个教研员后来很真诚对郑老师说:学生写得那么好,我真担心你下面的课怎么上。已经写得那么生动了,你还能怎么叫他写得更生动更具体呢?

但是,郑老师却让同学们仔细对照图片和那位同学的描写。同学们一看,怎么回事?他写得和照片上的图像完全不一致。

【观察者点评】有文采，很生动，有许多好词好句：这就是许多老师和学生心目中的精彩描写。你也是这样理解的吗？

接着，郑老师带领学生一起来分析第二位学生的描写，看看问题出在哪里。

1."那水平如镜的湖水"

——用比喻确实用得很流畅。

2."一对鸭子在泛清波。瞧它们悠闲自由的样子，不时探头入水寻找鱼儿，不时扭头整理身上的羽毛。"

——看看照片，鸭子有探头吗？有扭头吗？都没有。但是学生却凭自己的想象这样写了。为什么会这样？

3."它们无忧无虑地游着，与湖水形成一幅美丽的风景画。"

——请问，美丽的风景画是什么样的一种风景画？这完全是用主观评价来代替描写，也就是说学生的描写中缺少具体的展现和如实的展现，完全是一种个人的感受。

【观察者点评】你曾这样分析学生的文章吗？

第三个孩子的描写也差不多，只是用了些诸如"淳朴自然、了无杂念、时间骤然停止"等词语，她用"纯朴自然、了无杂念"这些形容词用得很好，初一的孩子能够用这种词已经很厉害了，但是到底什么样子才是"纯朴自然"呢？图片中有吗？没有。这其实就是不具体，说明学生只会泛泛地运用一些自己未必清楚的词语。

三位上黑板写作的同学，都很会用修辞。但是，对于照片上的实际事物，他们却视而不见。教师询问后发现，图片上原本有湖水、有鸭子，但全班40个学生中居然有27个同学只写到一个对象，没有写到湖水和鸭子。因此这节课所要达成的目标，就是克服想当然，克服学生习惯性的用想当然来代替描写的毛病；而克服"想当然"毛病的办法就是教会学生有什么写什么。照片上的鸭子原本是很安静地在游着，那么你就不要去写什么"溅起珍珠似的水花"，没有水花你却写溅起水花，那就是无中生有。

于是，郑老师告诉学生：所谓的描写应该是有什么写什么，如实地展现，这是描写的第一要义。没有的东西，你就不应该无中生有地写出来，否则就不是对象特点，只是你的一个联想假想而已。

【要点评议】

这是不少学生写作的通病：习惯于对事物作全称判断，习惯写那种假大

144　写作教学教什么

空的东西。

郑老师所确定的目标完全依据学生的写作实际。学生的语言能力很强，因此单纯的语言表达教学，已经可以不作为教学目标了。而学生在描写中喜欢"想当然"是其主要不足，甚至为了所谓的"生动"不惜无中生有。为此，教会学生"有什么写什么"就成为这堂课的基本目标。

这堂课的教学目标是依据学生的实际确定的，非常具体化、明确，因此教师对于学生的指导也就更加具有针对性。整个写作教学都是顺着学生的习作样本展开的。

【反思】

1. 说一说：郑桂华老师是怎样确定描写教学目标的？
2. 想一想：你一定教过学生学习"描写"，你是如何确定"描写"教学的目标呢？
3. 试一试：如果进一步指导学生学习"有什么写什么"这一描写要领，请你设计一个方案。

课例二

详版描写教学

（课前几分钟，郑老师与学生在闲聊，说说笑笑，很是融洽）

师：刚才几个同学谈了对我的印象，观察还是很仔细很准确的。我问大家一个问题，你觉得自己会描写吗？会描写的人请举手。

（没有学生举手）

师：（对刚才描述老师模样的学生说）你怎么没有举手？

生：我不会。

师：你刚才不是描写过老师吗？这说明你会描写，实际上你们都会的。下面我们

来尝试一下。(投影：两只鸭子游水图)

师：看到这幅画了吗？我请三位同学到黑板上来写。其他同学在纸上写，我要看你们到底会不会描写，看你们描写得怎么样。写一句话、两句话都可以。好，开始！

(学生写)

师：我们来看黑板，左边第一位同学，请把你的作品读一下给大家听。

生：画面上有一个湖，在水里，有两只小鸭子游来游去地玩耍。

【观察者点评】这一描写显然不如上一课例中的学生，怎么办？

师：第二位同学。

生：在清澈的水中，有两只可爱的小鸭子，他们你追我赶地嬉戏。

师：第三位同学。

生：在清澈的水面上，两只淡黄色的小鸭子在自由自在地游着，他们看上去很悠闲。

师：请坐。大家看三位同学写到的共同的东西是什么？

生：鸭子。

师：共同的是"鸭子"，这个能不能少？

生：不能。

师：为什么不能？

生：因为这是描写的对象。

师：好。也有人叫做……主人公。

(板书：对象、主人公)

师：那么除了鸭子之外，描写对象还有什么？

生：湖水。(也有学生叫"水"、"池塘")

师：(板书：水)他们都写到了鸭子和水。但是，这个是"在水里"，那个是"在清澈的水中"，那个是"在清澈的水面上"。你们说这三个句子，哪个描写得更好一些呢？

(学生意见不统一)

师：(在黑板上写出这些字)这三个句子可能各有特点，那么我想问，他哪个地方好,或用了什么词语就显得好些呢?

生:形容词。

师:形容词,也就是说在这个对象之前有了什么?

生:修饰。

师:描写对象是鸭子和水,前面加上"清澈的"这样一个修饰,这个形容词形容了水的什么?

生:样子。

师:样子,或特点。水的特征。

(板书:特征)

师:上面几句有哪些词语是表示鸭子、水的特征的?

生:"清澈"、"可爱"、"淡黄色"、"悠闲"。

师:还有"自由自在"、"嬉戏",也是它们的样子。如果没有这些特征,我们会觉得怎么样?

【要点评议】

　　三位学生的描写确实很一般,但这就是学生写作的真实状态。郑老师的写作指导课首先从展露学生的实际写作水准开始,基于学生的写作起点,这是写作教学的重要原则之一。

生:不够具体。

师:对。你们觉得除了用形容词这一点之外,哪一种表达更好一些?为什么?你们每个人在下面也写了,看看你写的,比这三个同学还要好一点的话,也给我们欣赏欣赏。(生沉默)这个问题有挑战性。第一,你要判断上面的三种说法还有哪些地方是让你比较喜欢的;第二,你要把自己写的与他们相比。谁来完成这个挑战性的任务呢?一个一个解决也可以。(一生站起读习作)

生:在平静的水面上有两只小鸭子,它们全身有细细的绒毛和灰白相间的花纹,它们追来追去,像两个无忧无虑的孩子在嬉闹。

师:精彩吧?

生：非常精彩！

师：你来把它写到黑板上，好文章要共享。（该生上讲台写）其他同学思考，他的描写好在哪里呢？好，请你来说说看。

生：他运用了比喻和拟人的修辞方法。

师：为什么用比喻、拟人就好呢？

生：更生动。

师：好，比喻和拟人使文章生动。请坐！请另一位同学再来说说。

生：他写得很生动很形象，写的小鸭子很活泼。

师：好的，从效果上讲是生动形象、活泼可爱。你们的感觉非常好。同学们，我们刚才发现了描写对象：鸭子和水，又看到了它们的特征：鸭子，是灰白相间的长着细细的绒毛的鸭子，而且是游来游去，是在嬉戏；水呢，是清澈的水，平静的水。有人还感觉到它像什么，用了比喻。这样一来，你们觉得这段描写怎么样？

生：精彩。

师：这段描写就合格了，甚至说是比较精彩了。好，现在，我们来总结一下：首先，描写是什么呢？描写就是把你看到的东西，一个人，一件物品，或一个场景告诉一些没有看到的人。那么，如果你要告诉我们你看到的一样东西，首先你会告诉我们什么？肯定要告诉我们"那里有什么"。（板书：有什么）这幅画面上有什么？刚才几个同学已经告诉我们了——

生：有鸭子，有水。

师：仅仅告诉我们有什么当然还不够，我们还想知道它们的特征、动作、细节，也就是要告诉我们"它们怎么样"。（板书：怎么样）刚才几位同学也告诉我们了，鸭子怎么样，水怎么样，对吧？但是，有时候，我们感觉还不够，还需要告诉我们"它们像什么"。（板书：像什么）你看，有了这三条，他的描写就不一样了，是不是？"有什么"，使我们明白描写的对象，"怎么样"使描写具体起来，而"像什么"使描写变得形象起来。这三条原则，明白了吗？

> 请写出描写三原则：
> 1.
> 2.
> 3.

生：明白了。

师：好，现在，我们就用这三条原则，来检验你刚才的描写，看看你的描写还缺了什么，哪个地方还可以更好一点。当然你也可以给别人改，改好以后，我们再来交流。

（学生修改，交流）

> 这一环节非常重要。前面是学生的自由描写，是学生原初状态的写作，反映的是学生的写作起点；而这里则是依据教师提供的三个原则加以修改，体现了学生学习知识之后的状态，教学的提升作用开始显现。

生：水平如镜的湖水中，有两只天真活泼的小鸭子，就像两只小毛球浮在一块大玻璃上。

生：平静的水面没有一丝波纹，两只小鸭子优哉游哉地游着，像一对小姐妹在漫步。

生：两只小鸭子在碧绿的水中悠闲地游玩，像天鹅湖里的一对小天鹅。

> 【观察者点评】注意郑老师指导学生修改的过程及特征："教知识"与"用知识"。

师：意境很美，我看一些作家的描写也不过如此吧。对这些描写大家有什么看法？

生：我觉得他（指黑板上）说"追来追去"不对，因为，画里的水没有波动。

师：（对全体同学）他讲得有道理吗？

生：有！

师：对，相当有道理，他其实谈到了一个重要问题，就是我们描写怎么样、像什么，必须要有一个前提，要尊重什么？

生：事实。

师：首先要注意确有其事，不能想当然，它有什么，是怎么回事，我们都要把它还原出来。好，这位同学能不能试着改改看？

生：说"漫步"不太合适。

生："欢快"也看不出。

师：对，这几个词需要调整一下。那么"可爱的孩子"可不可以追闹？

生：可以。

生："碧绿"不太好。

师：我们写一下。（板书：碧绿）那可以换用什么词呢？

生：改成"蔚蓝色"。

师：(板书：蔚蓝)"蔚蓝"常用来形容水色的是吧？还有其他词吗？关于湖水，有好几位同学用了"平静的"、"宁静的"。(板书：平静的、宁静的)

生：柔柔的。

师："柔柔的"，好。请问，我为什么把这几个词写到黑板上去让大家关注呢？"清澈的"、"碧绿的"、"蔚蓝的"、"平静的"、"柔柔的"，为什么呢？

生：角度。

师：这几个词使描写的角度……

生：增多了。

师：本来我们只用了"清澈"，这是指水的透明度，"碧绿的"、"蔚蓝的"是水的颜色，"平静的"、"柔柔的"呢，是水的那种形态、质地、感觉。那么，讲到这里我们是不是受到一种启示啊，怎样才能使描写更具体一些呢？我们用"清澈的"、"碧绿的"、"蔚蓝的"、"平静的"、"柔柔的"，是不是更具体一点了？那么，哪位同学把我刚才的意思用一句话概括出来？告诉大家这样写会更好。好，这位同学来试一下。我们在形容的时候，在讲对象的特征的时候，可以怎么样？

生：不同。

师：也就是从……

生：多方面。

师：非常好。(板书："多方面")如果我们能从多个角度、多个方面来描写和形容事物，是不是就具体些了啊？课文中有没有这样的例子啊？还记得朱自清的《春》里面描写小草的句子吗？"小草偷偷地从土里钻出来……"

生：(生齐背)嫩嫩的，绿绿的。园子里，田野里，瞧去，一大片一大片满是的。

师：有多少个角度？一个是"偷偷地从土里钻出来"，这是它的情态；"嫩嫩的"，质地，第二个角度；"绿绿的"，颜色，第三个角度；"一大片一大片"是第四个角度，数量。朱自清的写法我们也能学一学，是不是？

生：是。

师：现在我们来归纳一下：(投影)

- "有什么"是叙述，它所起到的作用是把东西叙述准确。
- "怎么样"是刻画、描摹，它起的作用是"清楚、细致"。最好要从多个方面、多个角度来写。

- "像什么"是比喻,它的作用是生动形象。

师: 这些就是描写的奥秘,简单吧?

生: 简单。

师: 记下来了没有?

生: 记下了!

【要点评议】
　　还是"有什么"、"怎么样"、"像什么"这三条,但内涵进一步丰富了。
　　运用第一次描写实践得来的规律,指导第二次描写实践,检验修正第一次学习效果。再一次强调描写的方法,强化学生的方法意识、归纳意识。接着开始第三次描写活动。

师: 现在还有谁要告诉我你还不会描写,请举手。没有了?是不是真的没有了,我们还要再检验一下。这一次,要给你们难一点的了。

师: (投影:风车的画面)现在我们就以这幅画(风车)为描写对象,把我们刚刚学到的一些办法用上去。我不要求同学到黑板上来写,不过待会儿我会把几位同学写的收上来,请他们念给我们听,请大家来评论。时间是三到四分钟。开始吧。

(生写作,教师巡视课堂)

怎么样?请写好的同学念一下。还有的同学不舍得放下手中的笔。好的,没关系。还有一两个句子没想好的可以在念的时候再补充。那么谁愿意把自己的成果贡献给大家呢?有几位举手的同学都已经回答过问题了,有没有其他人呢?其实我上课喜欢叫不举手的同学来回答问题。好了,靠近墙角的那位同学,你来试一下吧。读得响亮一点,大家要好好听。

生: 清晨,在宁静美丽的湖边,挺立着许多风车,他

【观察者点评】训练指导难度逐级提升。

从最初极简的一句话到现在精彩的描绘。写出教师指导的过程:
1.
2.
3.

们张着巨人般的手臂,像是在迎接远方的客人。

师:怎么样?你们觉得精彩吗?

生:精彩。

师:请坐。他写到了时间,写到了一种感觉。

生:在辽阔平原的河边,一排像巨人般的风车。微风轻轻地吹来,风车慢慢地挥动着他那巨大的手臂,好像要翩翩起舞的样子。

师:请坐。你对风车的描写还有没有跟两位同学不一样的?来念给我们听听。

生:在一望无际的草原的尽头上,有一条平静的小河,小河旁边竖立着一排古老的风车。他们的手臂迎风舞动,好似一个个强壮的武士在保卫着家乡,又像一排迎客松在迎接贵宾。

师:请坐。他用了两个比喻。大家记下来。还有没有比过他的?

生:这是一个遥远的国度,一个人间乐园,辽阔的草原一眼望不到边。灰暗的天空下,寂静的小河边,有一排风车,他们静静地伫立在那里,不知过了多少年,这里没有一个人的影子,没有机器的声响,红瓦的颜色淡了,曾经挥舞过的手臂也不再那么有力了,只有大自然的神韵依旧,在夕阳晨风里,孤独的风车,在诉说着一个个古老的传说。

师:这是你刚写出来的吗?

生:是的。

师:不得了,你可以当作家了。刚才大家注意了没有?很多同学不仅写到了风车还写了白云、黄昏,实际上已经不仅仅把目光投向风车,还投向了什么?

生:环境。

【要点评议】

"描写复杂的场景"这一写作知识的出现恰到好处。这是教师依据学生实际临时创生出的写作知识?还是教师课前预设的知识?或者是,这是教师的预设与学生生成的完美的结合。

师:环境,一个整体的场面。那么,在写一个复杂的画面时我们要注意些什么呢?
(投影:描写复杂的场景)

师:看来,在描写时,我们不仅仅要写主角,还要写整个的场景,或背景,你想想这时应该注意些什么？

生：重点。

师：好,我们要注意重点。(板书：重点)重点对象我们要观察描写得多一点,要详写。描写的对象多了,还要注意层次,另外我觉得最好还要根据我们每个人的独特体验,写出个性来。描写是很简单的,你看,我们人人都会了,但是,我要提醒大家,描写又是很复杂的,有许多变化,需要长期练习。好了,我这里还有一幅图片(换投影画面)。

师：这是什么场景啊？

生：草原。

师：重点是什么？

生：羊群。

师：对,羊是草原的当然主角。还有什么？

生：山,云,天空。

师：有兴趣的同学回去可以把这副图景描写一下,也描写你家乡的一处场景。今天我们重点训练的是具体而形象的描写。更多的训练要回到家里去做。下课！

> 每介绍一个重点知识,教师都会辅以相应的练习方法让学生予以内化。

问题研讨

同样是教"描写",为什么两节课的教学目标完全不同？但为什么教学效果又同样出色？

课例一的教学目标是："有什么写什么,如实地展现。"这个目标不是随意确定的,它的确定完全基于学生的写作实际问题,因为学生在描写过程中有太多的主观想象因素。

课例二则因为学生不会描写,或者说只会简单地叙述。于是教师教会学生描写的三要素"有什么"、"怎么样"、"像什么",然后设计了四个训练环节,让学生反复训练。

启示之一,目标不同,内容也不同,方法、步骤自然也会随之发生改变。但是有一点却是共同的,那就是：基于学生写作实际设计写作教学方案。这是上述两个课例给我们的第一个启示。

启示之二，是作文教学指导和训练，一定要确定哪些知识对学生的作文有重要的训练价值。

启示之三，对于重要知识，不应该简单介绍一下就了事的，而应该重锤敲击，反复落实。因为"知道"是一回事，"学会"又是另外一回事。钱梦龙先生说得好，"重点知识一定要敲实，实得让他一辈子都不会忘"。当然，反复不是简单重复，而是围绕一个中心有变化地推进。应该围绕这些"知识"，设计出若干个可以操作的、相对程式化的训练步骤。

课例二就是试图在"描写"这项基本作文技能上，把描写训练程序化、具体化，可操作，在"描写"这个点上让学生练实练透。并引导学生归纳、掌握方法，举一反三，在描写能力上前进一大步。从执教实际效果来看，这种定点训练是可行的和有效的。

资源链接

1. 郑桂华.描写的奥秘[J].语文学习,2007(9).
2. 王鼎钧.作文七巧[M].北京：国际文化出版公司,2007.
3. ［美］威廉·W·韦斯特著,章熊,章学淳,译.提高写作技能[M].福州：福建教育出版社,1984.

学习活动

任务1：你是否认同下面的说法？

写作教学就是教师获得了一些好的写作方法，就要把这些方法作为内容教给学生。

任务2：你认为上述简版和详版两个课例哪个对你的启发更大？

任务3：参照郑桂华老师的设计，结合王荣生老师的"主题报告"中关于描写的两个要领，请你也设计一个针对学生描写困难的教学方案。具体内容与要求如下：

① 学生对象：缺乏描写方法的学生。

② 知识内容：把瞬间事件加以展开，把综合事物加以分解。

③ 时间：一课时。

初中课例：基于学情的叙事写作

> **执教教师简介**

邓彤，基本情况见前文专题相关内容。

> **课例导读**

　　写作教学一直存在这样一种状况：教师有一套自己的写作经验或从写作教科书中获得某种知识，于是希望在写作教学课堂上将这些知识内容传授给学生，希望以此促进学生写作水平的提升。但是，事实证明，灌输式地教授一套写作知识往往无法有效提升学生的写作水平。于是，一种基于学生写作实际困难开发教学内容的微型写作课程应运而生。

　　邓彤老师和桑凤英老师的两个微型写作课例对于扭转以上写作教学现状具有丰富的启示意义。这些课例致力于解决学生写作过程中出现的关键性问题，并围绕这一问题构建了一个微型的课程方案。随着某一写作问题的解决，随之又会出现新的问题，这些新问题又构成写作指导的新起点。如此不断推进，最终构成各具形态的写作微型课程。

> **热身活动**

　　在阅读微型写作课例之前，请判断如下表述是否正确。

1. 写作教学必须建构一个严密完整的知识体系。
2. 写作教学就是教学生一些有用的写作方法。
3. 学生写作困难通常是局部的,因此写作教学不必面面俱到。

教学实录

课例一

故事要素教学:构思"行动"

【观察者点评】你的学生也有类似问题吗?你设法解决过吗?

邓老师尝试指导学生开展创意写作活动。在教学中发现,学生根本不会虚构故事。在写作故事的过程中,学生经常面临无从下笔的困惑,多数学生不知道如何写故事,更谈不上如何写好故事。最后,写出来的故事完全没有故事味,多数是简单交代一个事件,然后再来一段夹叙夹议的文字,说一说自己对这一事件的总体感受。学生在写作故事时,经常出现平铺直叙的事件叙述,所写的故事单调乏味,并且总是把故事当成一般的叙事散文来写,这些都构成了学生故事写作过程中的主要问题。

因此,邓老师决定设计一个微型的写作课程。该课程的基本目标就是:让虚构的故事像一个故事,有故事味道。这一目标是基于学生的写作实际确定的。如何增强故事味道?如何让故事生动曲折,引人入胜?目标已然明确,还需要提供适切的知识内容。这就需要引入一些叙事理论知识。如果能够教给学生有效的故事编制知识,学生写作故事能力当会有所改进。

基于学生实际问题确定课程目标。

【要点评议】

在纪实写作中,如果事件本身曲折跌宕,作者只需照样实录即可;如果事件原本平淡,作者则可通过一定的手段,如通过悬念、倒叙等方式增强其可读性。但是在虚构故事写作中,由于不受真实事件的束缚,作者可以相当自由地根据写作意图创生故事内容。这时,如果所写故事依然单调乏味,那么,作者故事编制技术的缺乏可能是一个主要原因。

邓老师引入美国作家杰里·克利弗有关"故事内核"知识作为指导学生进行故事写作的核心知识。克利弗认为,故事能够引人入胜的奥秘是:人们在愿望的推动下采取各种行动,在行动中遇到各种障碍形成各种冲突,采取各种办法克服障碍。因此,写好一个故事需要具备最基本的知识元素:冲突。在此基础上总结形成冲突的基本流程:愿望+障碍=冲突。

> 故事的关键:冲突。冲突的要素:愿望、障碍。

一、呈现范例 学习知识

师:同学们都喜欢读《西游记》。为什么《西游记》里的故事写得这么吸引人呢?有学者经过研究,发现《西游记》中许多故事都可以用一个公式来概括:取经+妖怪=《西游记》。在这里,"取经"是一个强烈的愿望,"妖怪"是阻挡愿望实现的"障碍",在这个强烈"愿望"驱使下,小说主人公采取了许多行动克服了重重障碍,终于取得真经。所以,从《西游记》中,可以提取一个非常有用的故事写作规则。现在请大家互相讨论,尽快理解故事构思的规则。(学生讨论。)

生:一个好故事要包含愿望。

生:还有障碍。

生:还要想办法克服这些障碍。

师:很好。某个人物有一个愿望,但是这个愿望却无法实现,因为有一个障碍在阻挡,这就产生了矛盾。有了矛盾,就有好戏看了。这样的故事才会有意思,对吗?这时读者就会渴望,就想知道孙悟空到底会采用什么办法来克服这个障碍。一旦障碍克服了,故事也就结束了。所以啊,写好一个故事的关键,就是让人物去克服一个障碍。知道了吗?

【反思】
　　你在写作教学过程中一定经常教给学生一些知识。但是,为什么教这些知识,这些知识是否正确?教了这些知识之后有何作用?这些问题你都考虑过吗?

二、运用知识　分析经典

师：现在,我们一起来分析另外一篇有名的故事,看看它是怎样设置愿望和障碍的,请大家从"愿望、障碍、行动"三个方面来分析。出示《卖火柴的小女孩》。

师：请大家先分析故事中的愿望。

生1：小女孩渴望温暖。

生2：希望吃得饱。

生3：还有家人的关爱。

师：都是最基本的愿望啊!那么,是什么障碍使得她无法满足这些基本的愿望呢?

生4：贫穷。孤独。

师：那么,她是如何采取行动实现自己的愿望的呢?

生5：她划亮火柴,使自己感到温暖。

生6：划亮火柴,似乎看到烤鹅向她走来。

生7：她还看到祖母带着她飞上天。

师：一把火柴会有这么大作用吗?是不是太假?

生8：不是的,她又冷又饿,快被冻死了,这只是幻觉。

师：你的意思是说,卖火柴的小女孩是用幻觉来克服障碍,满足了自己的愿望,是吗?

【观察者点评】该提问有何作用?

生8：是的。

师：同学们啊!对我们而言,克服饥饿寒冷一点也不难,但对于这个小姑娘来说,却需要以生命为代价!这样的故事,就特别震撼人心。这就是名著的力量。同学们也要学一学写这样的故事。大家愿意吗?

生：(齐答)愿意!

【要点评议】

　　一个好的故事应该有活力，有戏剧性、冲突性。以往写作教学经常教所谓的记叙六要素：时间、地点、人物、事件，这些知识固然不错，却无法运用它们写出好故事。故事写作需要有效的知识。愿望、障碍、冲突就是写好故事的关键性知识。

　　指导学生写作故事，只教给学生三个"要素"（愿望、障碍、行动），这是对写作知识的微化处理。提供的两个范例，一是长篇巨著，一是短小童话，但都被教师归纳到"三要素"框架中。所传授的知识简洁，所提供的例子单纯。这是微型写作教学的一大特点。

三、学以致用　改编故事

师：现在，让我们运用刚才学到的知识，一起来写作一个故事吧！老师想布置一个很老套的题目——"创新"，如果用这个题目我们能够现场创作一篇故事，那么，我们就基本掌握故事写作的奥妙了。现在，老师先借用《故事会》中的一篇故事为蓝本，我们一起按照故事的要素对这个故事加以改编。我们借用它的"愿望"和"障碍"，然后我们一起来构思克服障碍的巧妙"行动"，请注意，"行动"一定要和"创新"这个标题有联系哦。（投影展示故事开头）

> "行动"是要素中的"要素"。

有两家生物研究所，一家在美国，一家在俄罗斯。他们都认为自己拥有世界上最先进的生物研究技术。终于有一天，他们决定用斗狗的方法决一雌雄。双方协商，各自用五年的时间去培育世界上最凶猛的狗，到时进行一次斗狗比赛，看看最终谁能获胜，谁就是生物研究界的老大！

师：这个故事一开始作者就交代了"愿望"和"障碍"，请大家一起来分析。

生："愿望"就是证明自己优秀，就是"夺冠"。

师：夺取冠军的障碍是什么呢？

生：就是对手太强了。

师：那怎么办呢？双方都要采取行动克服障碍、战胜对手。现在，请同学们一起设想一下双方会采取什么样的行动。最后鹿死谁手呢？学生开始构思，认真拟出框架；经过分组交流后，各组在班级展示构思的"行动"内容如下：

行动1：俄罗斯研究人员用从西伯利亚荒原中发现的千万年前的冰冻剑齿虎身上提取DNA，然后运用转基因技术移植到当今最凶猛的狗身上培养出最凶猛的"转基因狗"。美国研究人员则利用电子脉冲技术培育出具有强大动力的"机器狗"，最后一举战胜俄罗斯。

行动2：美国研究者将大象与恶狗基因组合，培育出超大型猛狗，俄罗斯研究者则研制出微型迷你狗，最后钻入美国大狗腹部咬断其股动脉杀死对手。

…………

邓老师组织学生讨论这些构思，大家发现学生构思的故事具有较为生动曲折的情节，故事味较为浓厚，但受到"生物工程"知识影响较大，对"行动"的构思都脱离不了"生物工程"，总体上还是雷同的。于是邓老师提供了原文所构思的"行动"并改编了结尾，学生颇受启发。见下文：

俄罗斯研究人员找到了地球上最凶猛的杜宾犬和西伯利亚狼进行杂交。等母狗生了小狗之后，科研人员又从里面挑选出体型最大、力量最强的那只进行单独饲养，并进行了高强度的训练。五年后，这只狗成了前所未见的猛狗。没有人敢接近它，只能把它关在钢筋制成的笼子里。约定的比赛日期终于到了，俄罗斯人带着装狗的笼子，信心满满地来到了赛场。而美国研究人员却带来了一个奇怪的动物，看上去像腊肠狗，但却有近三米长，一副懒洋洋的样子。在场的观众都为美国研究人员感到担心，都觉得这只腊肠狗很快就会被俄罗斯的狗撕成碎片。

笼门一开，俄罗斯的狗咆哮冲出笼子，向对手扑过去。而赛场那边，腊肠狗却慢腾腾地踱出笼子，一步一步向前面移动。眼看俄罗斯的狗气势汹汹地冲到腊肠狗面前，就在这时，腊肠狗突然张开大嘴，一口咬住了俄罗斯那只狗的脖子，活活咬死了这只最凶猛的狗。

俄罗斯的研究人员走到美国对手面前，摇着头表示难以置信："我们不明白怎么会发生这样的事情，我们有最好的工作人员，他们花了足足五年的时间来培养训练这只杜宾犬和西伯利亚狼杂交的后代。"

"这没什么，"美国研究人员耸耸肩，说道，"我们找到最好的外科整形医生，他们花了足足五年的时间，终于使一条鳄鱼看上去更像腊肠狗。"

结论：创新其实很简单：就是能够想别人不曾想、不敢想、不能想。创新其实又很难：因为那么多人都不曾想、不敢想、不能想。

师：上面我们一起分析了好几篇故事，现在我们总结一下。

生：一个故事有三个要素："愿望"、"障碍"和"行动"，其中"行动"是最为关键的。

师：很好。那么，如何把这最关键的要素构思好呢？也就是说，设计"行动"有哪些有效的方法？请结合上面的分析提炼提炼。

【观察者点评】学生对答如流，你对此回答满意吗？

生："行动"应该能够有效克服"障碍"。

生："行动"应该符合人物的特点。

生："行动"能够体现故事寓意。

生："行动"应该是巧妙而合理的。

师：大家说得不错。但是，这些"应该"只是我们最终需要达到的"目标"，是一种理想的状态。怎样做到这一点呢？这才是我们要总结的。老师给大家举个例子啊！我们从《卖火柴的小女孩》这个故事中提炼出，运用人物的"幻觉"作为行动，可以虚幻地克服障碍。

生：可以利用他人的帮助来设计行动。

【要点评议】

此处教师的提问极为重要，具有扭转学生思维偏向的重要作用。写作知识有多种类型，"应该"之类的知识一般只指向目标，但是明确目标不等于实现目标，写作学习最需要的是"指明路径"的知识。

师：举个例子。

生：《西游记》中孙悟空一遇到障碍就去搬救兵，这不就是利用别人帮助吗？

师：很好，还有吗？

生：可以抓住对手的漏洞来构思"行动"，比如"火烧赤壁"。

生：可以通过计谋作为行动，比如"草船借箭"。

师：我们刚才列举的美国"智胜"俄罗斯的例子也是用计谋作为行动的吧？这些知识非常重要。请大家记在笔记本上。课后，我们要写一篇题为《竞争》的故事，请大家按照"愿望、障碍、行动"三要素构思故事，要特别注意"行动"的构思哦！

课例研究工作坊 161

课例二

愿望的合理表达
上海市黄浦区教育学院附属中山学校　桑凤英

一、研究学情

经过故事"三要素"的课堂教学及实际写作几篇故事之后,多数学生基本掌握了故事写作的方法,有些学生甚至能够洋洋洒洒写出 1500 字篇幅的故事,还有学生写出了非常优秀的故事。从"没有故事味"到"像故事",从"没啥可写"到"一发不可收",故事"三要素"这一关键知识确实提升了学生虚构故事的水平。但随之而来又出现了新问题:有相当一部分学生所写故事胡编乱造,不合情理。对此,又需进行针对性矫治。

学生所写的故事,充斥了大量的类似穿越、传奇等内容,内容牵强,荒诞不经。学生似乎认为既然是虚构故事,就可以随心所欲,想怎么写就怎么写。当然,学生的胡编乱造相对于"没啥可写"而言是一种值得肯定的进步。之所以产生胡编乱造的问题,在于学生在运用故事元素时没有考虑到"愿望"、"障碍"以及克服障碍之"行动"的合理性。本课例侧重指导学生学习愿望的合理表达。

【要点评议】
写作教学目标、教学内容都是依据学生写作的实际状况确定的。

二、提炼知识

师:我们在前面的写作学习中,已经知道一个好的故事总是有障碍和冲突。但是,一个故事并不是只要具备了愿望、障碍、行动就自动成为好故事。好故事需要有合理的愿望,合理的障碍,以及对障碍的巧妙合理地克服。所有这些要素非常完美地组接在一起,才会产生一个精彩的故事,是不是?所以,我们今天就要重点学习如何来表达一个合理的愿望。

下面请大家阅读这个故事——《走一步,再走一步》,请同学们先简要地说一说这个故事,然后再思考一下,这个故事涉及主人公哪些愿望?

【要点评议】

　　写作教学如何利用范文资源？范文是一个全息的文本,包含诸多学习信息。使用范文若欲获得较好效果,必须对范文进行微化处理,从全息的文本中抽取单一明确的知识。此处只要求学生研究其中的"愿望"即出于这一考虑。

生：因为玩厌了弹子游戏,我和朋友们就去爬悬崖。爬到一半的时候,因为我害怕,就一直蹲在石架上不敢下来,直到晚上父亲来找我,在父亲的安慰和鼓励下,我才爬下了悬崖。

师：好,请坐。这个故事概括得完整吗?

生：挺完整。

师：那么,假如作者就这样给我们讲这样一个故事,你们觉得精彩吗?

生：不精彩。

师：为什么呢?

生：太简单了。

师：哦,太简单。那作者到底多写了些什么呢? 比如说,"我"为什么要去爬悬崖呢?

生：因为我很希望自己能像他们那样勇敢。

师：哦,这就写到人物的一个愿望了。那么,这个愿望是随便冒出来的吗? 它的形成有没有根据呢? 是不是符合情理呢?

生：因为这个孩子本来很胆小,所以他希望自己变得勇敢。

师：这样一来,爬悬崖的行动就非常合理了：因为"我"一直胆小,所以希望能变得胆大一些,勇敢一点。是吗? 于是,"我"就采取了爬悬崖的行动。对吗? 请大家运用我们所学的故事的三要素来分析分析。

最后,师生一同讨论形成如下共识：

"我"胆子小,因此想勇敢;"我"是男孩子,所以希望勇敢。而克服"胆小"的"行动"是爬悬崖,这个行动也是有其合理性的,那就是想突破自己,还有好朋友的鼓励。这样一来,读者觉得"我"之所以想爬上悬崖就合情合理了。到后来,愿望又变成想下悬崖,而障碍依然是自己的"胆小"。最后老师提醒学生：愿望的合理呈现,对写好一篇故事具有非常重要的意义。

怎样表达合理的愿望呢？桑老师又进一步指导学生互相讨论，总结几条规则来。

生：愿望可以来自内在的原因，比如文中那个孩子的内心渴望。

生：还可以是外在的原因，比如他人的鼓励。

生：外在原因还有环境的恶劣，比如天越来越黑了、向上爬越来越陡等。

师：内在因素有哪些呢？

生（众）：一个渴望。责任。梦想。恐惧。

师：对，负面情绪也是内在心理元素。还有吗？

生：（插话）嫉妒、虚荣、仇恨……

师：一个愿望产生的原因，既有内在的，也有外在的，这两种有时候是结合在一起的，对吗？总而言之，愿望的合理性可以大致分为内在和外在两大块。大家在构思一个愿望的时候，如果从这些方面去构思就比较合理些，这样使故事就更加真实自然。是不是？

> 写出表达愿望的策略：
> 1.
> 2.
> 3.

三、课堂练习

现在，请大家以"秘密"为题构思一个故事。要围绕"秘密"先想出一个基本的愿望，但一定要注意保证愿望具有合理性。

（学生构思。随后小组交流。共计15分钟）

生（小组1）：这个故事的主人公是"我"，"我"有一个愿望：在暑假里骑自行车去江阴。这个愿望的合理性是：想磨炼自己。障碍是：爷爷奶奶都不同意，江阴的亲戚也不同意，但家里有一个人同意，那就是妈妈。在和妈妈商量后，"我"采取的行动是：谎报是坐火车去的，其实是骑自行车去的。然后妈妈帮"我"保守秘密，这个秘密只有妈妈和"我"知道。

师：哦，我知道了，这个故事是周嘉豪写的。关于这个秘密你们小组成员可以补充，你们这个愿望的合理性出来了吗？磨炼自己为什么一定要骑自行车呢？就这一个合理的愿望吗？周嘉豪，你骑自行车去江阴就这一个愿望吗？其他同学也说要磨炼自己，他们为什么不骑自行车去外地呢？

生：还有一个是我特别喜欢骑自行车。另外，我想正好利用暑假骑车沿途游玩一下。

师：还有时间很充足这一理由，是吗？这也是一个合理性因素。而且我们全班就你一个喜欢骑赛车的，对吧？这些是否都是你愿望合理呈现的因素呢？这两点是大家刚才没讲到的。另外，妈妈表现得很棒，和你一起编织了一个秘密，妈妈的帮助是一个重要的克服障碍的行动哦！很好。第二小组，你们的故事是什么？

【要点评议】
教师围绕教学目标不断提醒学生思考。只有聚焦才有针对性。

生（小组2）：主人公是"我们"，是我们全班同学。我们的愿望是：张老师要过生日了，我们大家想在教室为她办一个烛光晚会，给她一个惊喜，所以事先得保守秘密。

师：这个故事愿望的合理性因素在哪里？为什么要给张老师偷偷地过生日呢？

生：因为张老师教了我们三年多，对我们特别好，所以想在初三最后一年里在她的生日上给她一个惊喜。

生：最后一年，想借这个机会给自己和张老师留一点美好的回忆。

师：障碍呢？

生：障碍是张老师的家距离学校很远，要是留她下来过生日可能会很晚，没有一个好理由她不会等到晚上的。

师：其实，不妨再增加一个障碍，张老师的爱人也要为她过生日，和你们冲突了。

生：好！

师：既然好，等会就去写吧。第三小组，你们的故事出来没有？

生（小组3）：主人公是"她"和"他"的母亲。愿望是"他"的母亲希望"她"能够走出悲痛重新生活。障碍是："她"和"他"彼此相爱，自从"他"在一次车祸中不幸去世后，"她"悲痛欲绝，日益消沉，几度寻死。克服障碍的"行动"是：有一天夜里，"她"收到了一条短信，是用死去的"他"的手机号码发的。内容是：振作，寻找幸福，这样我才能安心。"她"泪流满面。这个秘密只有"他"的母亲知道。在两年之后，"他"的母亲看到"她"在婚礼上一脸幸福的样子，攥了攥"他"生前用过的手机，悄声说道："这才是'他'想看到的结果。"

师：好，请坐。大家听懂这个故事了吗？

生：听懂了。

师：这个故事很感人。其实，一开始我们以为听的是一个爱情故事，最后才发现是一个关于亲情的故事，爱的故事。那这个愿望的合理性是怎么呈现出来的？愿望是什么？谁的愿望？欧文杰你写的，你先说说吧。

生：是一个母亲的愿望，母亲希望"她"在自己的儿子死以后，能够重新找到幸福，摆脱消沉。

师：哦，这个母亲是"她"的婆婆，当然只是未来的婆婆。那么，这个愿望是如何产生的，从哪个角度来呈现它的合理性呢？这个婆婆的愿望的合理性只有一个理由——那就是"爱"。

师：今天，我们一起分享了三个小组推选出来的三个故事，其实两件事都是发生在我们身边的真实事件。不过在讲述真实事情的时候，如果愿望缺乏合理呈现的因素，大家是否感觉到真实程度的降低？比如大家给张老师买蛋糕一起庆祝生日，如果缺乏了愿望的合理呈现，就不会打动人心，甚至会让人从中发现很多漏洞。通过今天的学习，大家应该意识到，要讲好一个故事，光知道叙事的几个要素是远远不够的。在叙述一个故事的时候，主人公的愿望一定要写得非常充分非常合理。当然，合理愿望的呈现也不一定非得长篇累牍地呈现，有时三言两语就可以，特殊情况下甚至还可以略去对愿望合理性的解说，但这绝不是不要合理的愿望。只是说，这种愿望的合理性顺理成章不必多言而已。

总之，要想写出一个精彩的故事，不妨首先从写好一个愿望开始。

问题研讨

中学写作知识一直非常繁杂。请你回忆一下你以往在写作教学中所教的有关知识。

例如，有关叙事的知识你能够罗列哪些内容呢？也许每一位语文老师都能够如数家珍：

1. 记叙文的类别：从写作内容与方式看：简单记叙文和复杂记叙文；从写作对象看：写人，叙事，写景，状物。

2. 记叙要素：六要素——时间、地点、人物、事件的起因、经过、结果。

3. 记叙的顺序：顺叙、倒叙、插叙。
4. 记叙的线索：人线、物线、情线、事线、时线、地线。
5. 记叙的人称：第一人称或第三人称，第二人称。
6. 记叙的中心与详略：材料与中心，材料的详略安排。
7. 记叙文常用表达方式：记叙、描写、说明、议论和抒情……

但是，你是否追问过：这些知识对于学生构思故事究竟能够提供多少帮助呢？

效果可能非常有限。例如，能够区分"简单记叙文和复杂记叙文"对于虚构故事的帮助作用有限，在一篇故事中，即使"记叙文六要素"样样俱全，也无法确保就能够写出优秀的故事。因此，需要为学生提供关键性的能够指导学生"写作"的有效知识。"故事内核"就是这一类知识。虚构故事其实最重要的就是虚构出"冲突"，而要写好"冲突"，首先就要创造"渴望"和"障碍"，让它们推动故事发展。于是，虚构故事的写作教学就转变成"渴望"和"障碍"写作的教学。"学会制造冲突"成为虚构故事的核心内容。

但即便有了有效知识也未必获得理想的效果。因为如何教授这些知识又成为一大问题。

以往写作教学要么是教给学生上述一套不管用的"静态知识"，要么是给学生提供几篇故事作为范文，教师引导学生对这些范文做一番赏读分析，然后让学生模仿写作故事。但相当多数学生在故事写作中只是简单叙述一个事件，故事平淡乏味，毫无吸引力。如何把故事写得引人入胜成为教师首先需要解决的核心问题。

本课例片段最大的亮点在于：对范文作微化处理，从中提炼关键知识。例如，《西游记》作为一部典型的虚构故事，原本是立体浑成的文本，学生难以从原始文本中抽取出明晰的知识。根据"故事内核"原理，将这一部巨著中的核心要素高度概括为一个特征点：取经＋妖怪＝《西游记》。然后再分析其中的"渴望"元素为"西天取经，普度众生"，"障碍"元素为"群魔乱舞，八十一难"，这样的愿望驱动人物克服一系列障碍，于是创造出诸多引人入胜的故事来。

根据学生的写作需求，选择一个针对性的知识，让学生运用这一知识完成写作任务：这就是微型写作课程的典型特征。

> 资源链接

1. 王焕英.美国教材"微型写作"的启示[J].中学语文教学,2007(12).

2. 叶黎明. 美国语文教材中的读写结合：借鉴与讨论[J]. 语文建设，2006(5).
3. 邓彤. 微型化写作课程研究[D]. 上海：上海师范大学，2014.
4. 新加坡微型课程研究项目网站[EB/OL]. http://eduweb. nie. edu. 59/microlesso ns/index. html。

后续学习活动

阅读下面一篇学生运用故事三要素知识创作的故事，完成后面的任务。

竞　争

人类世界的三位探险者登上了巍峨的奥林匹斯山，一位名叫"暴力"，一位唤作"技术"，另一位称为"思想"，他们欲征服众神，成为奥林匹斯的主人。而主宰万物的众神岂能向自己的子民俯首称臣。于是，一场人神大战爆发了。

众神公推战神、阿波罗、宙斯出战，战神首先向"暴力"扑去，他大斧一挥，顿时削去了一个山头，可"暴力"更是了得，使出核弹，打得战神抱头鼠窜，这时正隐身云际的阿波罗眼看战神吃亏，便欲助他一臂之力，赶忙施放暗箭，可这一切怎逃得过"技术"的火眼金睛——卫星的视线呢？"技术"使用新招NMD在半空中把神箭拦截了，宙斯一看不妙，就想变身破敌，可他的诸般变化都无法骗过洞悉世间万象的"思想"，很快，宙斯就黔驴技穷了。

三位最厉害的天神都无技可施，眼看"暴力、技术、思想"步步逼近奥林匹斯山头，众神急得六神无主、束手无策。这时三位女神赫拉、雅典娜、阿佛洛狄忒主动请缨破敌。

赫拉找到正在山腰里肆意破坏的"暴力"，诱导他说"你拥有无穷无尽的力量，诸神都不是您的对手，但您却要服从'思想'的指挥，依赖'技术'的帮助，你为什么不甩掉他们，一个人独霸神界？"听她这么一说，"暴力"固有的野心不禁蠢蠢欲动，他离开了"思想"和"技术"，独自上山挑战，可不一会就成为众神的俘虏，离开了"技术"的帮助，"暴力"就如同一只挡车的螳螂，不堪一击。

雅典娜则在刺激"技术"。"难道你比我更有智慧吗？只不过你的电脑里有更多的信息罢了，你敢把那些信息传给我再和我斗智吗？"一向自以为是的"技术"哪里服气，立即将自己拷贝了一份交给女神，不料最终他敌不过自己的克隆体，栽倒在地。

可是,对于"思想",赫拉和雅典娜都对他的顽固无计可施,这时,爱神向他款款走来,展现她的妩媚,她的话如同春风一般轻轻拂过他的耳际"你看这美丽的奥林匹斯经过这场战争已面目全非,难道你对世界的征服就是将天堂化为地狱吗?难道你不该用自己的力量把世界变得更美好吗?回到人间吧,用你无穷的力量去美化这个世界吧"。"思想"感动了,心中汹涌着的征服的波涛化作了爱心的涓涓细流,他抛弃了"暴力",带着"技术"回到人间,播洒下一片又一片温馨的光芒。

女神们胜利而归,众神又惊又喜,连忙询问她们退敌之策。赫拉说:"暴力是只纸老虎,只会依仗技术狐假虎威。"雅典娜说:"科技是把双刃剑,全看思想如何支配使用。"阿佛洛狄忒说:"没有爱的思想是僵硬的、可怕的,但如果灌注了爱,他就会变得高贵、美妙。"

任务1:写出上文中的三个故事要素的具体内容:

(1)愿望:奥林匹斯众神捍卫自身权威。

(2)障碍:

(3)行动:

任务2:分析这一故事对"行动"的表述具有怎样的合理性。

任务3:请以上文作为范文,设计一个微型故事写作教学方案。

任务4:将任务三中所设计的方案运用于课堂教学中,整理一份教学实录,认真反思本次教学是否针对学生的实际学情确定教学目标与内容,实际教学效果是否实现。

初中课例：基于真实交流的写作

执教教师简介

荣维东，基本情况见前文专题相关内容。

课例导读

写作是面向特定读者，达成特定目的而进行的一场场别具兴味的交流和对话。写作的内容、体式和语言是由对象、目的等构成的交流语境决定的。

交际语境写作就是国外倡导的"在真实世界里"写作。这就需要营造一种"真实的话题、真实的对象、真实的身份，真实的目的"等构成的"交际任务语境"，这个"交际任务语境"可以激发学生写作的动机和兴趣，生成学生写作的内容、结构、体式和语言。

荣维东老师的这一课例，可以让我们认识到：如果教师能够为学生营造足够的"交际语境"，学生在写作中经常遇到的"不知写什么"、"不知怎么写"等困难都能够得到解决。

热身活动

阅读本课例之前，请您先完成下面几个问题：
1. 你是否知道"交际语境写作"这一术语？

2. 你了解"读者意识"吗?
3. 下面是人们对写作特征的理解,你比较认同其中哪几项?
   A. 写作就是把自己的想说的话写成文章
   B. 写作是"积字成词,积词成句,积句成段,积段成篇"语言技能
   C. 写作是在具体语境下生成和构造语篇的活动
   D. 话题、作者、读者、目的等语境因素决定着写作的内容和形式

教学实录

课例一

"圣女果"写作

2009年5月20日,荣维东老师应用"交际语境写作"理论,在上海闵行区某学校为上海市十几所学校的老师开设一堂作文实验课。荣老师确定了如下教学目标:

1. 树立"在交际语境写作"的观念,感受写作中交际语境要素的作用;
2. 理解并应用"不同的语境、目的、对象决定着写作文体、语言和内容"的原理。

在课前,老师已经下发圣女果的有关资料要求学生阅读。讲台上,荣老师准备了两大盘红艳艳的圣女果。因此,上课之初给每位同学发了几枚圣女果让学生品尝,让学生边吃边说说这些材料各写了哪些内容。然后,荣老师给学生布置了如下任务。

师:今天,老师想和大家做一个游戏。请大家以小组合作的方式完成几项写作任务,在完成任务过程中达成有效的交流。

老师想告诉大家的是:在游戏过程中,由于我们任务的目的不同、对象不同,因此我们在写作时采用的文体、语言和内容也都会有所不同。老师还想提醒大家,在你们游戏过程中,要不断向自己提问:我的文章是写给谁的?我为什么写?我打算用什么语言写?我写的内容合适么?我达成目的了么?现在,我们开始第一个活动。

请写出交际语境的要素:
1.
2.
3.
4.
5.

活动 1：写便条

你回家后，发现桌子上有一盘红艳艳的小西红柿"圣女果"，于是你就吃掉了，可是父母不在家，你马上又要出去了，于是你需要写一个短信（或便条）告诉妈妈这件事。现在请你拿起笔写一个便条吧。开始！（学生开始写。一分钟后）

生1：我的留言条是这样的——"妈：我把圣女果吃掉了。"

师：要署名吗？

生：不需要署名。因为妈妈知道，家里的零食平时就是我在吃。而且，我在留言条中称呼"妈"，就已经说明留言的是我这个女儿了。

师：同学们注意了，这是非常重要的内容：**当我们交流的对象明确了，很多内容都确定了，哪些需要说，哪些不要说，其实都依赖于交际目的。**在这位同学的留言中，"我是谁"这个内容就完全可以不说。

> 交际对象决定交际内容与方式。

生2：我的短信是："妈妈：桌上的圣女果是我们家的吗？我把它吃掉了。"

师：为何说"是我们家的吗"？这不是废话吗？

生：我家有一间房是出租给别人的，常有别人的东西放在桌上，得说，证实一下。

师：这就看出我们说话写作得看语境，在什么语境下就决定着我们要写什么内容。

生3：妈妈：桌上的圣女果我吃掉了。味道太美了！

师：为何还要加一句"味道太美了"呢？

生：我想鼓励妈妈继续给我买！

师：大家看，她挺聪明啊，有自己的交流"目的"在！这个目的就决定了她要说这句话，必须说。

同学们看看，一则简单的便条，虽然只是简单的一两句话，但是如何称呼，如何结构，先说什么后说什么（按照什么顺序），要说什么不说什么（如何选材），想达到什么意图……很多写作的重要因素都在里面了。这就是具体的交际语境对我们写作的帮助。所以啊，以后写文章，我们一定要多问问自己：写给谁看，为什么写等问题。

【反思】

你的学生经常遇到没啥可写和不知如何写之类的困惑吗?你面对学生这些困惑经常感到束手无策吗?其实,有时候你只需要为学生创设一个具体的交际情境,在这个情境中,学生可以写出许多有意思的合乎要求的文章来。

不是吗?为什么不少学生在与人交谈时总是可以自如流畅地说话,但在写作时却不能自如流畅地写作呢?为什么有的孩子写文章写不好,但说起话来却头头是道,在网上聊天更是滔滔不绝、轻松自如呢?这可能是因为:在说话的时候,在网上聊天的时候,学生交流的具体情境要素是明确的。这时,学生有相对明确的话题、听众、目的等语境,交谈时还能够基于上述要素不断生成新的信息、念头,学生还可以不断实时进行调整。

如果我们为学生创设一个"交流"的具体情境,就有可能解决学生的写作欲望缺失问题,写作内容缺乏问题,甚至文章体式语言等一系列重要问题。

活动2:网页制作

师:现在,我们需要进行一项复杂的活动——请大家制作一个有关"圣女果"的网页。在网页上撰写200—300字的关于"圣女果"介绍文字。有关圣女果的参考资料老师课前已经发给大家了。

生:容易!

师:不过我们是有要求的哦!教师出示关于写作对象、目的要求的PPT:

网页1:对象,一般学生。应该包含哪些关于圣女果的信息?
网页2:对象,农民种植户。应该包含哪些关于圣女果的信息?
网页3:对象,社会公众。应该包含哪些关于圣女果的信息?

(学生分组讨论、随后开始写作。5分钟后各组发表本组撰写的网页文字)

师:说一下交流规则。各组代表发言之前先告知大家本组所选的任务和具体目的,然后再简要介绍本组确定的写作内容,最后再读一读各组

> 语境要素:对象、任务、目的。

所撰写的网页内容。

1组学生：我们组制作的是面向一般学生的网页。经过讨论，我们认为，制作这个网页的主要目的是向同学们介绍有关圣女果的科普知识，所以我们确定的是这样的介绍内容——名称、产地、起源、各种特性等。

我们写了这样的文字介绍圣女果：

圣女果也称小西红柿。因其状如樱桃、葡萄、珍珠又称为樱桃番茄、葡萄番茄、珍珠小番茄等。因其鲜红碧透，状如红心，在国外还有"小金果"、"爱情果"的美称。圣女果原产地是南美洲的秘鲁、厄瓜多尔、玻利维亚等。相传16世纪，英国公爵旅游时带到欧洲，也可能是从西部传入中国，故称番茄。其果形椭圆，一般直径约1—3厘米。

圣女果的颜色以红色为主，鲜红碧透，另有粉红、中黄、橙黄、翡翠绿、黑色等新品种……

2组学生：我们组制作的是面向农民种植户的网页。我们认为，制作这个网页的主要目的是向农民推介圣女果的种植技术，所以我们确定的是这样的内容——圣女果的种植技术以及最新品种等。

【要点评议】

语境写作的实质在于：具体语境使得写作从漫无目标的思考活动转变为依据具体要求确定内容的较为简单的回答式活动。

我们的介绍文字是这样的：

圣女果种植方便，产果量大，经济价值可观。植株生长迅速，种苗种下70天后果实可成熟，可连续采摘3个月，亩产4000多公斤，效益好。被联合国粮农组织列为优先推广的"四大水果"之一。圣女果生育适温为24—31℃，喜欢在较强光照及土层深厚的土壤种植。圣女果的栽培应选择有机质丰富、耕层深、结构好、疏松透气的壤土为宜。整地时畦宽1.5米，垄高25厘米，垄沟宽40厘米。1.5米宽的畦田可栽4行，株距25—30厘米，每亩可种6000—8000株。定植时，先在畦内或半高垄上开沟，沟深15厘米，开沟后，每亩撒施250公斤腐熟的粪干，增施磷肥，每亩可同时撒施30公斤过磷酸钙。圣女果果型小，数量多，长势旺盛，栽培时注意增加坐果数，使果形小且均匀，采用双干整枝，把其余侧枝剪掉。为使果实着色好、含糖量高，应多施磷肥。

圣女果常出现落花落果的现象，影响早熟及产量。主要原因有：一是阴天多雨，光照不足；二是栽培管理不当。此外，定植时秧苗过长，植伤过重，浇水不均匀，土壤忽干忽湿,花期水分失调,花柄处形成离层,水肥不足等原因,都会造成营养不良性落花。防止落花落果应采取以下措施:一是农业综合防治措施,如培育壮苗,适时定植,避免低温;及时整枝打杈,防止植株徒长;及时追肥浇水,防治病虫害和机械损伤。二是施用植物生长调节剂,常用的有番茄灵、2,4-D。番茄灵的适宜浓度为25—50微克,2,4-D为15-20微克,于花期涂抹在花梗离层处或花的柱头上。

【观察者点评】学生为什么能够写得如此顺利?

3组学生:我们组制作的是面向社会公众的网页。制作这个网页的主要目的是向市民介绍有关圣女果的养生知识,所以我们确定了这样的内容——如:食用方法和养生价值等。

我们组编写了如下的养生知识介绍:

圣女果不仅色泽艳丽、形态优美,而且味道鲜美、营养丰富。可生食、炒菜、榨汁、做酱或加工成果脯,人称"蔬菜中的水果"。

圣女果含有丰富的维生素C,每百克西红柿含11毫克维生素C,是苹果的2.5倍。维生素PP含量在果蔬中也名列前茅。此外,还含有胡萝卜素0.31毫克,除含钙、磷、铁外,还有较多的苹果酸和柠檬酸等。一般而言,黑色番茄营养价值最高,有抗癌和防癌作用,黄色含类胡萝卜素较多,大红较粉红的味稍甜,小型番茄富含各种维生素、矿物质等,尤其适合儿童补充维生素和矿物质营养。

圣女果中含有的谷胱甘肽和番茄红素等特殊物质,可促进人体的生长发育,特别可促进小儿的生长发育,增加人体抵抗力,延缓人的衰老。另外,番茄红素可保护人体不受香烟和汽车废气中致癌毒素的侵害,并可提高人体的防晒功能。对于防癌、抗癌,特别是前列腺癌,可以起到有效的治疗和预防作用。樱桃番茄中维生素PP的含量居果蔬之首,可保护皮肤,维护胃液正常分泌,促进红细胞的生成,对肝病也有辅助治疗作用。

以中医药膳理论分析,西红柿性微寒,味甘、酸;入脾、胃、肝经。可养阴生津、健脾养胃、平肝清热,适于热病伤阴引起的食欲不振、胃热口渴等症。

圣女果既是蔬菜又是水果,菜果兼用,是菜中佳肴,果中美品。

【反思】

在你的写作教学中,是否可以有意识地为学生提供写作情境呢?如果还没有做到,想一想原因在哪里?事实上,学生完全有能力根据不同读者提供不同的内容。关键在于教师必须提供具体的情境,否则,学生只好信马由缰、胡乱编造了。

活动3:评点网页

在学生展示各组成果之后,荣老师要求学生开展评议活动。荣教师在PPT上投影如下要求:

1. 看是否能够根据不同的对象特点,确定不同的语言和内容;
2. 看写作的目的是否能够让不同的读者方便快捷获取适合自己的圣女果的相关知识。

然后,荣老师要求学生根据上述问题自己评价、打分,接着,其他小组交互评价打分,最后由教师、同学一同评判。

当这一环节结束后,教师要求学生自我总结这堂课中学到的知识:

交际语境写作必须针对不同的对象、不同目的,采用不同的文体和语言,准确、恰当、有效地介绍适当的内容,从而达成我们的交际目的。

【要点评议】

这一课例中,荣维东老师设计了三个不同的写作任务:(1)以"写便条"的方式"告知"信息;(2)面向不同读者的网页制作;(3)师生对写作成果的评价反思。

这些活动都包含有明确而丰富的"交际语境"信息,这些信息是学生进行写作活动、建构意义文本的极其重要的依据。一则简单的短信,因为被置于具体情境中,因此诸如"如何称呼,如何结构,先说什么后说什么,应该写什么不应写什么(如何选材),想达到什么意图,如何表达"等等写作中重要的元素都包含在其中了。课上学生很容根据具体情境进行表达交流并写出符合交际原则的便条。这是真实写作语境的魅力所在。

课例二

"穿睡衣上街"写作课例

2009年11月16日,荣维东老师在上海召开的沪港写作课堂教学交流会上,执教了一堂《由"穿睡衣上街"说起》的作文课,采取设置真实写作任务场景的方式引导学生写作。荣老师的具体教学步骤如下。

1. 导入

师:同学们,世博会马上要在上海召开。这是上海人民向全世界展示自己风采的大好时机。但是,上海不少市民有一个生活习惯却似乎有点有碍观瞻,那就是"穿睡衣上街"。

【观察者点评】这样的导入,你一定做过,想过为什么要用视频吗?

下面我们看一段视频。(教师播放视频:上海市政府发布命令:世博会期间"穿睡衣睡裤不能上街",同时穿插上海一些社区的居民穿睡衣上街聊天购物照片)

教师提问:对于这一现象,大家如何看待?请表达自己的观点。不同观点的同学可以开展辩论。

【要点评议】

教师首先通过播放新闻短片,PPT呈现一些图片,把学生抛入到一个"问题场景"中来,同时通过短片和图片以及教师启发,营造一个"问题语境",让学生自由表达自己的观点。当学生做出自己的判断后,经教师简单点拨、思考和交流后,即进入下一个环节:辩论。

2. 正反双方辩论

师:现在请同学们根据自己的认识,自行确定自己的立场开展一场辩论活动。正方立场:穿睡衣裤上街必须坚决制止。反方立场:穿睡衣裤上街是生活习惯,不必大惊小怪。辩论双方都要说出自己的理由,反驳对方观点,达到说服别人的目的。

经常一场简短的辩论,双方学生大致得出了如下结论。正方学生认为:"穿睡衣上

街"影响了上海作为国际大都市办世博的形象；"睡衣文化"不合国际礼仪；"睡衣睡裤不出门，做个世博文明人"。而反方同学则认为：这干涉了个人生活自由；穿睡衣上街是上海市井文化的典型画面；如果居委会硬要把某些上海人流行的穿居家服去买小菜、打酱油，看作是"有损国家脸面"，未免言重了。……

【反思】

你在教学中一定也组织过类似的课堂辩论。你是如何设计组织辩论的呢？你是否将辩论过程直接等同于写作过程了呢？

荣维东老师设计的这场辩论，其目的并不在辩论，而是通过辩论为学生营造一个真实的写作情境，让学生体会到对于"穿睡衣上街"这一现象原来不同的人有许多不同的看法。了解他人态度，就为依据读者写作提供了条件。所以，这一"辩论环节"实际是为下面的写作环节进一步寻找、生成丰富的内容和素材；同时争辩还是一个隐形的"合作写作"，学生在互相碰撞中可以不断激发写作内容，这是一个思维生成的过程。

3. 任务写作

师：同学们经过辩论，已经了解了对方的观点，现在请大家在以下任务中任选一个写作任务。（PPT 投影）

任务1

假如你是一名世博义务宣传员（或者你是其他身份的公民），为响应市政府的"穿睡衣睡裤不能上街"的倡议，写一篇劝说性的文章，如何写？

任务2

假如你是一个赞成穿睡衣上街的普通市民，你想就市政府的命令，写一封表达不同意见的抗辩信（或者在网上发帖）。你将如何写？

【要点评议】

　　"任务写作"环节，不是简单地要求把争辩的内容写下来，而是在任务中植入"写作者身份、对象、目的、体式"等要求。

　　这样做的基本依据是：学生写作的困惑在很大程度上是交际语境的不明晰造成的，即"为什么写，写给谁，达到什么目的，写出什么样子的文章"不清楚，所以教师在教学中必须让学生明确这些要素。教师布置这样的写作任务，不但可以唤起学生的表达欲望，而且模拟了一个真实的任务场景和"争辩语境"，力争让他们有话可说，有话要说，不吐不快，非说不可。

4. 发布交流

学生完成写作任务后，教师组织了一次"发布交流"活动，一是要求学生在课堂上朗读呈现自己的文章，二是建议学生在课后通过网络发帖或者投递给社会有关部门。完成任务一的学生呈现了如下成果：

（1）以"世博志愿者"的身份写了一份"倡议书"，向"不文明的市民"发出倡议，"劝说"他们世博会期间不穿睡衣上街，做一个文明市民；

（2）以"政府新闻发言人"的身份撰写一份新闻发言稿，向"普通市民"发布不穿睡衣上街的规定；

（3）以"普通公民"的身份在网上发帖，向"网友"发表自己的意见，可以采用口语或者更加活泼的网络语言，达到"娱乐"的目的。

【反思】

　　目前作文考试中很流行"文体不限、怎么写都行"的写作要求，对此你如何评价？

　　从交际语境角度看，这一要求其实是一种是虚假的甚至是虚无的写作，容易导致学生产生"老虎吃天，无从下口"之感，除非学生自己将写作的语境具体化。任何文章都是具体的、面向特定读者、完成特定交际任务的书面交流。例如，对于"世博会"这个话题的作文，普遍适用的文章并不存在。假如教师只是泛泛地要求学生写一篇以"世博会"为话题的文章，那是很难下笔的。因为你不知道写给谁，写的目的是什么。

> 现在请你尝试指导学生完成这项任务。你可以指导学生从角色、对象、目的、形式、语言等五个要素出发,让学生选择需要表达的内容或方式。
>
> 最终,你需要认识到这一点:一篇文章由于语境的不同,几乎有许多种可能的不同选择,而泛泛要求学生写作,看似可选择的要素很多,但学生反而没法写。这时,具体的语境就能够起到帮助作者"定向"的作用。

完成任务二的学生则主要集中呈现如下主要观点:

(1) 中国人穿衣服为什么要按照外国人标准?

(2) 正如不能强行规定市民"穿什么"一样,政府也不能强行规定市民"不穿什么"。

(3) 穿睡衣上街即便不合理,也不过是个人私生活问题,并没有影响到他人生活,政府部门动用公权力发布这项命令,是否侵犯了市民的自由?

> 只要为学生创设合适的平台,学生一定会有出色的表现。交际语境即是平台。

在完成写作任务过程中,学生的表现非常出色。

以往感觉非常棘手的"不知写什么"、"不知如何写"等困难在学生合作中基本得到顺利的解决。例如,在写作者的角色方面,学生确定的角色有"学生、志愿者、市民"等,在确定文章的读者方面,学生将"同学、市民、市长……"确定为假想读者,在写作目的方面,学生还具体细分为"宣传、告知、感染……"等不同目的,在所采取的文章样式方面,有的学生用新闻方式,有的学生用了倡议书方式,有的运用了记叙、描写手法,还有学生用了诗歌、快板书等方式,在语言表达方面,也是各尽其能,文字或文雅或通俗等。

【要点评议】

> 荣维东老师上述两个课例给我们的重要启示是:写作首先应该弄清楚所写语篇的交际语境是什么?即写给谁?为何目的?达到什么功能?把这些要素意义确定下来,写作就容易顺利进行。或者说,写作的过程就是选择并确定写作要素的过程。一篇文章可以有一千种想法($10 \times 10 \times 10$),但是

> 只有一种写法(1×1×1)。这就是写作语境要素的选择并确定的过程,也就是构思并"赋形"的过程。

问题研讨

这是一组基于"交际语境写作"的课例。

所谓"交际语境写作",指的是:基于真实的言语目的,面向具体的对象(读者),能够达成特定交际功能并能进入真实的社会生活进行交流、流通的写作。这样的写作是基于生活、工作、学习的需要而产生的一种真实语境下的表达和交流,它总是针对特定的读者、环境,为着实现特定的意图的言语表达行为。

你想过为什么学生在写作过程中屡屡出现"假话作文"吗?

实际上,大多数"感情虚假"的作文,其实质都是交际语境的缺失。而真实的交际语境通常来自真实的写作任务,这些任务总体上是以"目的、功能、读者"为导向的。但是,在以往的写作教学中,教师为学生布置的写作任务基本上就是这样一个套路:规定一定的字数,不考虑读者对象,不考虑交际目的。在这样的要求下,写作就异化为单纯的"文章制作",于是导致学生为完成"制作文章"的任务而不顾及实际地编造。

因此,真实地去写生活、学习中丰富多样而真实的文章,应该是解决目前我国作文教与学过程中兴趣和动机缺失的根本途径。写作能力的提升与写作兴趣、动机的激发通常来源于有具体目的、明确对象的言语交流。包含真实问题、真实场景、真实解决方法、真实听众、真实写作目的的"真实的"(或者拟真的)写作,对学生来说是"有意义的"作文。这样的作文能唤起学生内心深处自我交流和与人表达的欲望,触发其内心深处的情感机制和写作动机,帮助学生发现写作的真正价值。

因此,在写作教学中,教师必须为学生顺利地进行真实的写作活动创设必要的交际语境。

资源链接

1. 郑桂华.写作教学中如何培养学生的"读者意识"[J].中学语文教学,2010(1).

2. 黄可心.向《美国语文》学习"读者意识"[J].教学月刊(中学版),2010(8).

3. 魏小娜.语文科真实写作教学研究[D].西南大学 2009 年博士论文.

4. [美]威廉·W·韦斯特著,章熊、章学淳译.提高写作技能[M].福州:福建教育出版社,1984.

后续学习活动

国外一直高度重视交际语境下的写作教学,下面三个写作题目就是 1999 年英国中学生英语等级考试笔试试卷中的写作试题。① 请你阅读之后完成如下任务。

例 1:某公司赞助了你学校一笔钱以资助教育参观。选择一个你们班级想去的地方。给你的校长写一封信,劝说他同意支付一些钱用于你们的该次参观。

例 2:生活中有比学校和作业更重要的东西吗?给教育大臣(政府负责教育的部长)写一封信,争取年轻人校外生活质量的提高。

例 3:作为庆祝新千年活动的一部分,一个时代密封匣将被埋藏在你当地的战争纪念碑下。给未来的目击者写一封信,谈谈你对于战争的个人思考和感受。这封信将放入匣中。

任务 1:例 1 题目中的交际语境要素交代得非常具体,请你指出并填写在如下画线处。

写作对象:_____。

写信目的:_____。

写作话题:_____。

写作体裁:_____。

任务 2:比较例 2 与例 3 两项任务,分析写作对象的不同可能会对写作内容、表达方式带来怎样的影响。

任务 3:仿照上述三个交际语境写作任务,自行设计一个有特定交际情境的写作任务。

---

① 范守纲.中外作文命题的显异与趋同[J].语文教学通讯,2002(5).

高中课例：把问题想深刻

执教教师简介

任富强，特级教师，浙江省慈溪市慈中书院校长。宁波市优秀科技工作者、宁波市教科研先进个人、宁波市名教师，2004年被评为浙江省优秀教师。是浙江省中小学骨干教师高级访问学者项目培养对象。2012年4月，入选宁波市领军和拔尖人才。

有80多篇教学论文正式发表在《中学语文教学》《语文学习》等中文核心期刊上，著有《议论文写作新策略》等专著。

课例导读

夏丏尊曾说过，"表达之道即为思想之道"。思维与写作表达有着密切的联系，诸多作文技巧其实都是思维的外化。例如，写作中的层次其实就是思维连续性的"中断"；在思维行程中，每一环节告一段落，就成一层次，一前一后就显出了层次关系来。而"线索"则表现为作者的一种纵向的思维经脉，从来就没有脱离了思维的形式与技巧。此外，诸如词语的调整、句式的选择、修辞手法的运用等等，莫不与思维息息相关。每一位语文教师都曾痛切地感受到：不会思考、不愿思考是学生写作的痼疾。教师为学生的思维混乱发愁，学生则为不会思考而烦恼。如何突破这一作文教学的瓶颈？这一直是语文教师努力的方向。

任富强老师的课例就是针对以上写作教学的问题而设计的。要解决这些问题,不是一味强调"思维重要"就可以奏效的,而一味放手让学生"在游泳中学会游泳"、"在思维中学会思维"的效果也不尽理想。任富强老师的课例最具启发意义之处在于:教师必须给正在学习思维的学生提供思维的脚手架,为他们思维的列车架设轨道。换言之,教师必须为学生提供若干便于思维展开并且具有可操作性的支架帮助学生学习思维。

热身活动

1. 你在议论文教学中经常采取以下哪些方法?
   A. 确保论点正确　　　　　　　B. 提供论据材料
   C. 注重语言表达　　　　　　　D. 训练逻辑思维
2. 为了训练学生的思维深刻,你在教学中通常采取什么办法?
   A. 传授思维方法　　　　　　　B. 示范思维过程
   C. 研究揣摩范文　　　　　　　D. 让学生多写多思

教学实录

师: 要把文章写好,先把问题想清楚。因此我们今天的写作课,要着重研究一个问题,就是如何把问题想清楚。同学们已经进入高中学习了,高中阶段要开始比较正规的议论文写作学习,议论文写作的一大特征就是思考分析问题。我现在举一个例子,让大家看看议论文到底该怎样思考问题。

一、导入:生活中的议论

我们设想一下:有一个孩子,有一天对妈妈说:"妈妈,我要吃雪糕。"从议论文的角度看,"我要吃雪糕"这句话是什么?对,是论点。"我要吃雪糕"这句话讲出来以后,如果孩子希望说服妈妈,他接着一定要说明理由的。应该怎么说明呢?按照我们同学的写作习惯,大致会有以下几种情况。

第一种是蛮不讲理式。如果这个孩子这么说:"妈妈,我要吃雪糕!我就是要吃雪糕!你给我吃雪糕!我一定要吃雪糕!"这是在说明理由吗?这是在下命令!当然,如果这孩子从来蛮不讲理,他可能会这样说。但只要他还愿意说理,一般他总要说出点理由来的,对吧?

第二种是我们不少同学都喜欢使用的"旁征博引式":妈妈你一生当中吃过多少雪糕?如果李清照那个时候有雪糕的话,她就不会喝菊花茶了;苏东坡喜欢喝酒,但如果那时也有雪糕的话,他就不会喝酒他也吃雪糕去了。所以,妈妈你也要让我吃雪糕!(生大笑)很滑稽,是吧?你觉得没有人这么说吗?可是,我们很多同学都是用这个套路说理的。这种类型看起来像说理,其实根本没有说服力。

第三种会是怎样的呢?我们设想一下,这个孩子提出"我要吃雪糕",他会说出几个理由来。第一个理由应该是什么?

【要点评议】
　　归谬。用极端的方式将学生写作中的不足凸显出来,使学生意识到这种思维方式的荒谬可笑。教学本身就是一种论证说理的方法。

生:雪糕很好吃!

师:还有吗?

生:我很热!

生:我口渴了!

师:这时候,孩子是说"我饿了"合适还是说"我口渴"合适呢?

生:口渴。

师:那么"口渴"、"很热"这种有说服力的理由就应该放在最前面。妈妈我要吃雪糕,因为"我很热、我口渴",然后他为了增加说服力,马上第三个论点出来了,"雪糕营养很好"。可以不可以说?当然生活当中母子之间不一定需要出现这么完整的理由,因为只要孩子的要求,许多母亲是无理由地同意的。但是,我们平时写议论文还是需要具体理由的,因为别人不是你妈,你不说服他对方是不会搭理你的,对吧?

【别开生面的开场白。一个简单的例子,涵盖了学生写作的常见问题。】

二、展开:例说思维

请同学们看下面这则材料。**(投影)**

【观察者点评】你一定也经常这样教学生吧?

人们喜爱绿树,因为绿树使大地充满生机,为自然调节气候,给人类带来幸福。然而,绿树为了这一切,必然深深扎根于土壤中,不断吸收水分和养料。有人曾作过试验,一棵不大的白杨,一昼夜吸收的水分竟达五公斤之多。

根据以上材料,以"吸收和给予——绿树的启示"为题,写一篇议论文。

请想一想,这段文字重点是什么?你看,它有一个题目,"吸收与给予",请告诉我,"吸收"与"给予"之间有没有侧重,或者说,在思考"吸收"与"给予"时,要不要突出其中一项?

生:我认为要突出"给予"。

师:要突出"给予",为什么?

生:突出"给予"可以突出一种高尚的品质。

师:这位同学的观点,我在网上也看到过,有人认为"吸收"和"给予"之间应该重点讲"给予",为什么呢?他的理由是现在的青少年,不懂得给予,所以我们要大力提倡"给予"。这个观点到底对不对?值得商榷。请仔细看这个材料,我们发现整个材料的语意有一个转折。我们一般说话的时候,语义重点是放在转折前还是转折后?

生:在转折后面。

师:比如吧,我们说某某人很好很好,如何如何好,最后说某某人请客。这番话的重点在哪里?

同学:请客。

师:那么,投影上的材料一共4行字,我们研究一下这4行字的重点在哪里?同学们考虑下,你觉得重点在哪里?是哪一句呢?

生:第2句。

师:应该是"绿树为了这一切,必然深深扎根于土壤中,不断吸收水分和养料"这一句,对不对?为什么不考虑第3句话呢?

生:这只是举了一个例子。

师:哦,这个例子是用来证明什么?

生:说明吸收水分很多。

师:也就是说,绿树为了能够"给予",必须深深扎根于土壤中,不断地吸收水分和养料。从这个角度来说,这篇文章重点是讲吸收还是给予?

生:吸收。

师:看来这段材料确实要重点放在"吸收",当然"给予"也要兼顾到。有同学根据这段材料写了一段文字,请大家评判一下看看写得怎样,好吗?

(投影)

是呵,绿树从土壤中吸收了养料,而它们的吸收不正是为了给予吗?

在我们这个社会里,这种为了给予而勤奋吸收的人不胜枚举。

严凤英是我国著名的黄梅戏艺术家,她为我国黄梅戏的发展作出了卓越的贡献。而她的给予正是来自一种可贵的吸收(下略)。山西榆次市截瘫病研究所治瘫专家高锡朋大夫,三十年如一日,对截瘫病因深入研究(下略)。还有中科院副研究员赵忠贤,孜孜不倦地吸取新的科技知识。(下略)

同学们想一想,严凤英什么什么,高锡朋怎样怎样,赵忠贤如何如何,这样的论证方式你觉得好吗?

生:我觉得这样论证也很好。因为这是举例论证,举的是严凤英、高锡朋,还有赵忠贤的例子,这三个例子有代表性。

【观察者点评】教师的提问将学生思考引向深入。

师:很有典型性,是吧?有男的,有女的;有艺术家,有医生,也有研究员,挺全面的哦。这里我要提醒大家注意考虑一个问题:这三个例子有没有说明"吸收"要注意的东西?有没有告诉我们:"吸收"到底是怎么回事?"吸收"要注意什么事情?"吸收"要吸什么?他有没有分析这个"吸"到底是怎么一回事?都没有。这三个例子,其实讲的都是一回事。什么事?有人在"吸收"。你觉得这样把三个例子并排码在一起写文章好不好?

生:不好。没有思想深度。

师:那么,如果现在要我们同学重新思考这段材料,重点讲"吸收",强调"要'给予'必须要'吸收'"这个观点。如果我说这个大观点中,至少可以提炼出三个分论点,你该怎么思考?第一个分论点是什么,第二个分论点是什么,第三个分论点又是什么?请考虑。

生:第一个分论点肯定落在"必然深深扎根于土壤中"这句话上。把这句话浓缩一下,就是要深深扎根。

师：这和观点"要'给予'必须要'吸收'"有什么联系呢？

生：我们干事业，搞研究，就必须吸取，而要充分吸取，就要深深扎根。

师：很好，不能忽视"深深"二字。深，意味着要深度吸收，不能浅尝辄止。对不对？那么，第二个论点呢？

生：要不断吸收。

师：注意"不断"的含义。"不断"强调着什么？

生：强调"吸收"是一个持续的过程，不是吸收一下子就停下来了。

> 词语就是概念，是思维的结果。分析词语就是分析问题。

师：很好。那我们再考虑，第三个分论点可能是什么？

生：（迟疑）……

师：（提示）还是要在材料中看！不断吸收之后，接下来顺理成章的内容就是吸收的对象是什么了？

生：吸收水分和养料！强调吸收的内容要有价值。

师：非常好！现在可以总结一下吧？

生：要"给予"必须要"吸收"。首先，要扎下根深入吸收；其次，要持之以恒坚持不懈地吸收；第三，应该吸收那些有价值的好东西。

师：说得真好！写议论文，一定要有深刻的思考判断。做到这一点的前提是什么？就是要深入分析。深入分析材料，是深刻思考问题的前提。不少同学都有错误的认识，觉得写议论文要得高分，就要有排比句，有亮丽的例子，开头要文采斐然等等等等，其实这些都是皮毛。关键是一定要对材料做全面深入的分析，这个是前提。这点请大家务必注意。

> 【要点评议】
> 　　把笼统含糊的"吸收"从三个角度剖析开来，这就是分析。这一环节与学生一同思维，类似于为学生做思维示范。很多写作教学经常到此结束，但任富强老师的写作指导还在进行中。

三、提升：指引路径

究竟怎样分析材料呢？下面老师给大家几点建议。

> 介绍思维方法。

途径一

多面思考

请看下面这个材料。（投影）

> 范仲淹两岁丧父，随母远嫁，幼时读书甚至连一碗粥都难以吃到；明代大学士宋濂年幼时家中一贫如洗；苏联作家高尔基曾经是个流浪儿；荷兰画家梵高也曾是一文不名，生活常靠弟弟接济；丹麦童话作家安徒生出身于鞋匠家庭；居里夫人刚满十岁就出去打工，供姐姐读书……这些人的苦难经历，非常珍贵，这是促使他们成功的动力和财富。

请大家思考：这个材料表达了什么观点？

生：人要成功必须经过艰苦的磨炼。

师：这样的观点有没有道理？有一定道理。不过呢，还不太准确。上面的材料所言和"磨炼"完全一样吗？

生：材料中的磨炼，其实就是那些名人从小受到的苦。

师：类似观点不就是材料的最后一句吗？浓缩一下：苦难是成功的动力和财富。但我们应该思考一番：苦难是财富，对不对？

生：我觉得不对。有些苦难不一定是财富。

师：不一定是财富？讲讲理由。

生：苦难能够促使人成功；但如果一个人一直畏惧苦难或安于苦难、习惯于苦难，那就不会有动力。

【观察者点评】面对类似回答，你通常如何应对？

【要点评议】
从"人要成功必须经过艰苦的磨炼"到"从小受到的苦，能够促进吃苦者成功"，再到"苦难未必是财富"，教师不断引导学生辨析这些不同表述之间的差异，这就是在训练思维的缜密性。教师此时的点拨很关键。

师：这话很深刻。有道理吗？有道理的。刚刚两位同学也讲到，苦难不一定是财富。

我们设想一下,如果苦难必然是财富,我们当中有没有一个同学愿意像范仲淹那样,为了获得成功,希望在两岁的时候,就失去父亲,让自己每天一碗粥都难以吃到。你愿意不愿意这样?(生答:不愿意)为什么不愿意?你说说看。

生:我觉得范仲淹的苦难是外界的因素,不是他有意追求的。这个苦难他没有办法回避,在这种情况下就只有去战胜它。

师:也就是说这个外在的苦难是万不得已的,对吗?人不必主动寻找苦难。对不对?

生:对。

师:我赞成你的观点。其他同学也思考思考,苦难给人带来什么?你想想看。比如你非常穷,你上学的学费都没有;你一无所有,你可能会流落街头,如果出现这样的情形,你的人生会有什么的影响?

生:大概会伤害自尊吧?

生:人生将会比较悲惨。

师:从这种角度看,苦难是好事吗?

生:未必是好事。

【观察者点评】你是否会这样引导学生追问?

师:从这个角度来看,苦难不是好事。但从前面的材料看,苦难却是好事,是这样的吗?继续问大家,说苦难是财富,是不是应该有一个前提呢?你觉得是什么前提?想不出?设想一下,有一个人现在非常穷困,日子很艰难;但是他到处对人家说,苦难是财富,你觉得这个人正常吗?那么,苦难要成为财富的前提是什么?

生:这个人必须获得成功,脱离苦难了。

师:是啊,苦难是财富,这句话不能绝对地说。我觉得有些成功人士对处在苦难中的人说这样的话是不道德的。苦难不一定是财富,这个话才对。可见,考虑问题要从多面考虑,这是深入思考的重要办法。所以,我请同学们注意:要想深刻思考,必须要从多面思考。还要注意,我没说反面思考,只是说要从多面思考。刚才提到的"苦难是财富"这个观点,我们仅仅是从反面思考的,其实不一定只从反面,还可以从多方面来思考。

现在我请大家分析另外一个例子。你觉得"没有调查就没有发言权"这个观点对不对？这个观点有没有值得发展和深入思考的地方？

现在，我们从另外一个角度提问题：有调查就一定有发言权吗？

生：如果调查不全面，或者说调查内容和主题无关，就没有发言权。

生：乱调查也是没有发言权的。

师：还有其他的说法吗？我再为同学们提供一个角度啊！如果我们要做一个调查：猫的表现怎么样？我们把各种各样、大大小小、男男女女的老鼠叫过来问：猫的表现怎么样？大家以为这个调查有效吗？显然没有效果。你调查猫，但你只问老鼠，是没有效的。你应该怎么调查？

生：要调查 100 个动物，把羊、牛、猪、马全部叫过来，问他们猫怎么样，这个调查是比较的客观了。

师：看来，只有调查还是没有发言权的，还要注意调查的对象是否全面，方式是否恰当。再来看一个题目：失败乃成功之母。经常听别人这么说过吧？你觉得这句话有道理吗？这句话当然有道理。那么，这句话有问题吗？也有问题。问题是没有打开思考的空间。我们想想看，除了失败是成功之母之外，失败还可以是什么？

> 统计一下：任老师为解说"多面思考"列举了____个例子。他如何引导学生分析这些例子？

生：失败也可以是失败之母，因为一个失败往往导致另外一个失败。

生：失败可以什么也不是，失败就是失败，失败了就从此结束。

师：很好，看来大家越来越熟悉从多方面思考问题了。这样的思维方式，会使我们的思路越来越开阔。

途径二

具体问题具体分析

师：语文老师经常在讲的一句话是：写议论文要注意**具体问题具体分析**。到底怎样具体分析呢？下面我们一起来看一则材料：

法国生物学家巴斯德用显微镜发现了微生物世界之后，他联想到严重威胁人类生存的传染病可能就是由那些微小的致病菌引起的,因而大声疾呼医院开展消毒工作。巴斯德满腔热情要为人类健康做出自己的贡献,却遇到了重重阻力,遭到学界大佬乃至学界主流的反对,在临床医生那里也碰了壁,大家都认为他是外行胡说,并不把他的话当成一回事。(PPT展示)

师:请大家看完后思考一下,这个材料一般可以来证明什么观点?(生思考)

生:创造发明的结果,大家一下子接受不了。

【观察者点评】你的学生是不是也喜欢这样往大处想?你如何应对?

生:新事物经常遇到旧势力的阻挠。

生:新生事物要让人们能够接受,得有个过程。

生:新生事物总要遇到旧势力的挑战。

师:大家都从新事物的角度入手思考,当然可以。但是,如果换个角度考虑一下,会怎么样呢?

【要点评议】

教师的点拨指导作用巨大,学生思维空间得以打开。学生思维常有惯性,学生思维也易受同学影响,此时教师必须为学生指一条新路径。

生:旧势力是阻碍新生事物发展的绊脚石。

生:旧的传统力量,会扼杀新生事物的生机。

生:新的与旧的结合起来考虑,就是要使新事物具有生机,一定要扫荡旧势力。

师:同学们的观点有一定道理。大家既考虑了巴斯德这一方,又想到了阻碍他的另一方,有的同学则把双方结合起来考虑,值得肯定。不过,同学们得出的结论,概括一下,实际上差不多:巴斯德正确,反巴斯德者落后甚至反动。可是,在我看来,我们周遭的许多现象,当然包括历史现象,并不是非此即彼这么简单,往往要比我们的想象复杂得多。提示一下:先看巴斯德,他的做法是否无懈可击?

【要点评议】

教师发现前面"换个角度"的引导效果不佳,马上明确问题指向:要学生评价巴斯德的做法。

生：我觉得巴斯德有点不自量力。热情可嘉，性子太急。（生笑）

师：呵呵，你的观点有点另类，愿闻其详。

生：他是一个从事生物研究的科学家，但不是医生，更不是医学家，他凭什么叫大家相信他说的是完全正确的？

生：我想要是他在"大声疾呼"之前，先在若干医院试点研究，让医疗事实来说话，并做好学界大佬的工作，这样一步一步推广，效果可能会好些。

师：你说的不无道理。据我所知，当时巴斯德消毒法，只是在发生大规模战争时，为减少伤兵死亡而由政府强制推行之后，才被人们慢慢接受的。我们不妨再**从医生的角度考虑一下**：**假设你是那时的法国医生**，听了巴斯德倡导消毒法后，你会接受其劝导率先在临床中推行吗？

生：我恐怕不会的。你巴斯德只是一个研究生物的，你凭什么叫我相信你？

师：我们**再设想一下**：如果有一个生物老师，对细菌很有研究，一天他跑到一所医院，非常热情执著地劝说医生消毒，到了不依不饶的地步，医生会怎么对他？

生：医生被逼急了，可能会把他直接送到精神病院。（学生笑）

生：虽然生物与医学有相通之处，但毕竟是两个门类，不是说隔行如隔山么！

生：我也不会答应，或者说我也不会轻易答应。因为我是医生，有执业资格，这个意味着权利，但更意味着责任，对病人负责是我的天职。

生：从材料看，说巴斯德是"外行"是绝对正确的，虽然"胡说"不一定；因为他没有任何医学实践，而我是临床医生，在医学实践上当然是行家，当然不会贸然听从一个外行对我说教。

> 为何不断让学生设想？是为了还原具体情境。这是具体分析的内核。

师：同学们想得很深刻，分析得也很具体。巴斯德不是医生，他没有医学学位，不是法国医学协会的会员。对于医学来说，他彻头彻尾是个外行。像这样一个外行，又如何能指望医生们重视他的话呢？姑且不说是在19世纪，就是今天，要让医生们听从一位外行的说教，恐怕也是行不通的。这不是因为医生们守旧，而是因为他们要对病人负责。

【要点评议】

这场讨论一定程度上还原了历史的真实。当面对某一问题或者说某种现象的时候,应当尽可能从构成矛盾的双方或者多方的情况,设身处地地考虑,把问题放在发展过程中来历史地观察,看问题就会变得深透,能够有效避免简单化、单向度看问题的毛病。

这种考虑的方法,会增加看问题的宽容性,可以避免感情用事;还可以培养把问题放在发展的过程中的历史意识,有助于我们正确地理解现实。

我们刚才讨论的是科技史上一个案例。下面我们看另外一则材料,是不是也可以用类似的思路去分析思考。

《史记·匈奴列传》中,有一个投降匈奴的汉人中行说与汉朝使者对答内容的记录。汉朝使者讥笑匈奴人轻视老人,而中行说却认为:匈奴人常骑着马打仗,老年人和身体虚弱的人没有能力参加战斗,因而把肥美的东西提供给身强力壮的人,这是加强自身力量,长保父子的表现,并不能简单地看做是轻视老人。汉朝使者说匈奴无衣冠宫室、礼仪制度,中行说则认为:匈奴人以放牧为生,逐水草而居,时常迁移,就不需要宫室;着装轻便,为的是便于行走;匈奴人没有繁琐礼节,是为了抢时间干正事;父亲兄长死了,儿子兄弟娶其后母寡嫂,不是汉人所说的乱伦,为的是种姓种族的繁衍。

大家想一想,中行说的观点是不是有合理性呢?其实,我们不难想到,各个民族的生活习俗,自有其形成的经济的、文化的原因,它在具体历史环境中是合理的。所以,任何一个民族,即使是先进民族,也不能用自己的生活方式来死套其他民族的文化和生活,更不应该把自己的观念强加于人。司马迁之所以饶有兴趣地把这个场景记录在《史记》中,也表现了他作为一位伟大的史学家博大的襟怀和具体问题具体分析的实事求是的态度。

而这,是我们写作学习过程中必须学会的一种思维方式。

【要点评议】

如何看待教师此处的引经据典?教师通过一些经典案例将一个问题的不同过程不同侧面解剖开来供学生研习揣摩。经常得此指导,学生的思维能力可以不断得到发展。

途径三

学会范畴思考

范畴是什么？范畴是一个哲学概念。同学们一听到"哲学"一词可能会觉得头大，其实，如果能够运用一些哲学思想，我们看问题就拥有了锐利的思想武器，往往会比较透彻。到底如何运用范畴思想来思考问题呢？我们会在具体讨论中逐渐明了这些内容的。

先看一份材料。深圳的一个小学生，写了一篇论文称《新华字典》没有动物保护意识"，参加全国中小学生创新作文大赛中得了一等奖，他的主要观点是这样的。

《新华字典》中对"鲸"的注释为："生长在海里的哺乳类动物，形状像鱼，胎生，用肺呼吸，身体很大。肉可吃，脂肪可以做油。"我国南方某市的一个小学生对此表示异议，认为字典的说法违反了动物保护的宗旨，需要修改。（PPT展示）

师：你们认为这位小学生的意见正确吗？请大家讨论讨论。等会同学们在发言的时候注意啊，当一个同学提出观点后，其他同学从不同侧面作补充，或者提出不同想法，不要岔到其他话题上去。

生：我认为这位小学生的话是对的。因为既然鲸是国家保护动物，那么吃它的肉和用它的脂肪炼油，就是违法的，字典就应该修改。

生：我同意。而且觉得不只是应该修改，而是必须修改。小学生年龄小，辨别能力弱，还是一张白纸，从小就有了鲸鱼可吃的印象，后果很严重！（学生笑）

生：补充一点，《新华字典》虽然是一本小小的字典，但我们读小学时几乎是每人一册，发行量应该很大，所以，《新华字典》出差错危害就很大。

生：老师刚才说过的发言规则：不要岔到其他话题上去。

师：呵呵，感觉很敏锐。为什么觉得已经岔开去了呢？

生：我们要讨论的是小学生的意见是否正确，也就是字典里鲸鱼肉可吃的说法到底对不对的问题。不是讨论后果是否严重的问题，也不应该讨论社会影响问题。

【要点评议】

紧紧围绕一个话题讨论问题，这样的意识和能力不是简单传授告知就可以学会的，必须在实际讨论过程中让学生去经验、去体会、去内化。

师：说得很好。讨论的时候，话题一定要集中。下面我们继续围绕小学生的话对不对，进行讨论。

生：我想那小学生的话，既对，也不对。

师：你的说法比较特别，请具体说说。

生：说他对，是我赞成前面发言同学意见，"肉可吃"的说法可能会产生对读者的误导。说他不对，是因为《新华字典》说的其实是客观事实。

生：我觉得介绍动植物时只介绍类属、外形、生理特征，没有关于使用价值的说明，总是缺少了什么。

师：说得真好！听下来，大概就是两种意见：小学生有道理，符合动物保护的思想；小学生没有道理，《新华字典》说的是全面客观的事实。这样就产生了矛盾。我们现在要着意研究的是，这对矛盾的焦点在哪里？请同学们接着思考：字典是做什么用的？

【反思】

你在写作教学中经常梳理学生的讨论内容吗？其实，梳理思考的流程与结果，对于锻炼思维能力具有重要作用。你认为这样做有何效果？请你说一说：梳理学生发言内容需要注意什么？

生：字典是用来查字的，要如实告诉大家某个字、词的含意。

生：字典应客观地介绍知识。

师：对。字典介绍某个对象时，要给读者清晰、全面的真实的知识，最重要的是什么？

生（议论、补充）：事实，客观，可信。

师：说得对。字典所要认定的"是什么"、"怎么样"，这种判断叫做**事实判断**。还有一种相对应的判断叫**价值判断**，就是对这个事实的意见、批判，它强调的是"应当如何"。请看，"肉可吃，脂肪可以做油"这是对鲸鱼使用价值这个事实的认定，这样的认定是不是鼓励你去吃鲸鱼肉？当然不是！（学生纷纷点头）换句话说，"可以吃"不等于"应该吃"。鲸肉是可以吃的，这是一个事实判断；但是，为了保护鲸，我们不去吃鲸的肉，这个就不是事实判断，而是一种价值判断了。再做进一步设想：假如字典在介绍事实的同时，都进行价值判断，那么请同学们设想一下，解释"刀"为"单面长刃的短兵器"，后面还要加上什么？是不是要加上"刀不要随便用来伤害别人"？（生笑）再看，字典里对"瞎子"的解释是：指"失去或者没有视力的人"，后面是不是还要加上"'瞎子'的叫法是对盲人的不尊重，我们一定要尊重残疾人"之类的文字？（生大笑）这样一来，同学们想想，这本字典还叫字典吗？它就变成一部"道德经"了。（学生点头。一学生举手要求发言。）

生： 老师，我提一个设想，如果在字典对鲸鱼的解释后面，写上"现为国家 X 级保护动物"等字，可能更好，因为照你前面的说法，这也是事实判断。

师： 你这个建议提得不错，值得表扬。这样，对知识的解释更全面了。

同学们，刚才我们在讨论的时候引入了"事实判断"和"价值判断"这两个概念。在议论文写作中，搞清楚事实判断与价值判断，并且辨明它们之间的关系非常重要。事实判断和价值判断之间如果缠绕在一起，我们思考问题就会变得含混不清。因此必须对不同的范畴概念加以区分。

> 请写出事实判断与价值判断的根本区别：

"范畴"是哲学里概括与抽象程度较高的概念，如物质与精神、运动与静止、必然与偶然、规律与混沌、对立与统一、系统与要素等。我们平时使用的"范畴"通常还表示一些对举性的概念，诸如个别与一般、局部与整体、个性与共性、现象与本质、前提与结果、手段与目的等等。

"事实"与"价值"就是一对"范畴"。对事实判断与价值判断的界定，开始于英国大哲学家休谟。休谟在他的《人性论》一书中指出，人们不能从"是"推导出"应该"，也就是说，纯事实的描述性说明凭其自身的力量只能引起或包含其他事实的描述性说明，而决不是做什么事情的标准、道德准则或规范。这个观点后来被称为"休谟铡刀"；我们今天就试着用这把铡刀铡了一下许多现象。

通过今天的实例分析，我们不难体会到，如果善于运用这些范畴去思考，就有可能增加我们的思想深度。

问题研讨

本课例以下两个方面需要读者思考。

一、写作教学为学生提供了思维路径吗?

议论文写作指导的关键是引导学生思考,而促进学生深入思考就要给学生思考的工具,指点思考的路径。但是,当下写作教学课堂中,议论文写作教学往往简化成"例子对准论点"或"怎样阐释例子"等技巧性的教学。至于如何引导学生分析材料,深入思考,形成独立思想的能力,语文教师常常忽视甚至失语。

在此背景下,任老师在课例中提供的思维的三条路径就非常具有实际意义。

其一,多角度思考。这一路径目前中学教师关注较多,兹不赘述。

其二,具体分析。这是任老师课例中的一大亮点。高中学生已经显现出显著的思维形式化、概念化的特征,在写作教学中引导他们透过事实来探究本源,对正确地训练思维、提高思考的抽象能力无疑是有益的。而让学生遵循事物发展过程加以思考,其实是教给学生一种历史的纵向性思维方法。

其三,范畴思考。此为亮点之二。任老师把哲学思想方法引入到教学过程中,努力使学生拥有一种广阔的视野和深刻的洞察力,从而帮助学生提高思维的质量,并享受思考的乐趣。

在议论文写作指导中,训练学生遵守思维规则,合乎逻辑地说话,是十分必要的。

二、写作知识教学与实际生活情境关联了吗?

写作不是闭门造车,写作需要与社会母体保持密切联系。任富强老师这一课例中,选择诸多生活材料,并不断对这些材料做各种假设加以分析,以此沟通议论文教学与社会现实的联系。这实际上是将写作知识与生活情境有机结合起来。以往写作教学中所涉及的知识经常和使用知识的情境相脱离,于是学生往往不是在"用知识"而是在"记知识"。这是写作教学效率不高的原因之一。

资源链接

1. 孙绍振. 议论文写作:寻找黑天鹅[J]. 语文建设,2011(9).
2. 钟斌. 美国 GRE 写作考试对我国高考议论文写作的启示[J]. 福建教育学院学报,2011(6).
3. [美]威廉·W·韦斯特著,章熊,章学淳译. 提高写作技能[M]. 福州:福建教育出版社,1984.

> 后续学习活动

任务1：

有人说：思维水平等于写作水平。你同意这一说法吗？说说你的理由。

任务2：

学生在课间发生了争辩。有人认为"山寨"就是盗版，必须坚决打击；有人认为"山寨"属于模仿，是学习环节中不可缺少的阶段，何罪之有？请你运用课例中"范畴识别法"设计一个方案指导学生如何分析"山寨"问题。

任务3：

整理你在任务2中的指导实录，分析你在指导过程中运用了什么知识，采取了什么方法，学生有何变化。

高中课例：用事实证明观点

执教教师简介

郑桂华，基本情况见前文专题相关内容。

课例导读

"事实"与"观点"，在中学议论文写作教学中属于"ABC"之类的基础知识。但是，在写作教学实践中，我们发现：学生对这些基础类的知识并没有真正理解掌握，更谈不上有效运用。我们已经知道，写作学习需要有效的写作知识。但是哪些知识是有效的？如何在课堂上呈现这些知识？这些问题其实在教学中并没有得到很好的解决。在议论文写作课堂上就经常可以看到"论点、论据、驳论、归谬"等许多术语的轰炸现象，但学生的议论文写作水平并未见提高。

郑桂华老师这一课例，就是针对学生分不清"事实"与"观点"之间区别，在表达过程中经常将个人感受与客观事实混为一谈的现状设计的。这一课例对于我们研究写作知识应该教什么、怎么教具有重要参考价值。

热身活动

阅读本课例之前，请你先思考以下几个问题：

1. 你在议论文教学过程中,引导学生辨析过关键术语的内涵吗?
2. 你思考过区分"事实"与"观点"对于议论文写作学习的作用吗?
3. 你反思过议论文三要素(论点、论据和论证)的合理性吗?

教学实录

一、导入

师:上课前请大家说说咱们班级同学的一些情况好吗?

生:我们高二(6)班有些同学很有才华。

生:班干部与同学相处非常融洽。

生:在我们班,大家有事情一起做。

师:很好。这些话里哪些是事实,哪些是观点?大家能够区别出来吗?

生:……

师:那我先告诉大家区别的标准吧。"事实"是可以确认的,比如,"上海是一座城市"这句话就是在陈述一个实际事实,我们马上可以确认。但如果有人说"上海是一座美丽的城市"这就是"看法"了,因为上海究竟是不是"美丽",必须通过说理、讨论才能确认,有的人认为美丽,有的人还认为不太美丽。现在我们再来尝试判断刚才大家说的哪些是事实,哪些是看法?

【要点评议】

在学生出现阻碍时教师适时提供教学支援。如何区别"事实"与"观点"这一知识,郑老师通过两句话深入浅出地阐释清楚。写作教学何时呈现知识?如何呈现知识?呈现怎样的知识?从这一环节中可以约略看出。

生:"有事大家一起做",这是事实。因为这是很明显的,不需要证明的。

生:"大家相处融洽"是一种判断,属于观点。

师:对的,究竟是否"融洽",是一个需要证明的看法。看法是个人化的,需要证明。黑板很好看,这是观点;黑板带绿色,这是事实,是大家可以达成一致的。他很有才华,这是事实还是看法?

生：（争辩）事实。看法。

师：比较一下，我们班有30位同学都有艺术特长证书，这是事实还是看法？

生：事实。

师：那是否证明这些同学都有才华呢？

生：不能。因为有证书和有才华还不是一回事。

师：所以，"他很有才华"这句话需要——

生：说理、确认。属于"看法"。

师：再说一句观点句好吗？

生：我们班同学笑点很低。

师：笑点很低？

生：随便一说就哈哈大笑。

师：看来是这样啊，现在我来为这个观点提供事实：我发现从上课到现在你们已经出现了笑点很低的状态N次了，上课十分钟不到吧，全班范围内至少笑了5次以上啊，有吗？这个事实是不是能够支持"笑点低"这一事实？还有人想陈述事实吗？

生：张悦非同学上课特别喜欢跟老师互动。

师：什么意思呢？

生：特别喜欢跟老师互动，"互动"要打引号。

生：说得通俗一点就是插嘴的意思，很喜欢说很搞笑的笑话。

师：插嘴，说笑话，是不是？好，我记在黑板上了。

生：刘成鹏上课积极举手发言。

师：你们很好，互相表扬。刘成鹏积极举手发言。我把这句话也写下来了。等一会我们会用到这些内容的。好的，现在我们开始上作文课。

我们今天要学习的课题是：用事实证明观点。要学会用事实来证明观点，我们首先要能够把"事实"和"非事实"区分开来。现在请同学们结合自己曾经学过的议论文，看看自己能否分清楚文章中哪些是观点，哪些是事实。然后再来研究这些事实，看看这些事实能证明观点吗？

生：我觉得事实可以分为主观的和客观的。

> 记下来是为了作为教学资源。在后续教学中会加以运用的。

师：事实还有主观的吗？不过呢，他这句话倒是有一个重大贡献。贡献在哪里？他找到一个判断事实的根本的标准，请问：什么是事实？

生：客观的。

师：事实只有客观的，没有主观的。主观的是什么？是"看法"，是"观点"，是不是？我说"咱们7班是一个活跃的班级"，这就是看法。这是主观的，还是客观的？主观的，是不是？我如果要证明7班活跃，就必须列举一些事实来证明，对吗？

现在按照刚才那位同学的说法，我们来判别一下"咱们班有两三个女生下课总是笑嘻嘻往外跑"这是主观的呢？还是客观的？

生：客观的。因为这是事实。

师：非常好。我们再来谈谈这句话，"张悦非上课喜欢与老师互动，喜欢插嘴"。对于这样的表述我们如果要判断它究竟是不是事实，该怎么判断呢？这里有一个标准：一个表述是不是客观的表述，关键要看表述中的词语。大家看这句话有一个很重要的词语，知道是什么词吗？

生：喜欢。

师：对，那么"喜欢"属于主观还是客观的东西？

生："喜欢"还是"不喜欢"都是主观的判断。

【观察者点评】你通常如何应对学生不高明乃至错误的问题？

【要点评议】
　　写作知识应该和具体的情境结合在一起。结合例子分析很重要。

师：很好，现在我们来判断一下，"张悦非很喜欢插嘴"，这句话是不是事实？需要不需要证明？张悦非每节课都要插嘴5次以上，这句话是不是事实？

生："张悦非每节课都要插嘴5次以上"，是事实。张悦非很喜欢插嘴，不是事实。

师：接下来我们要推进一步。事实的基本特征是

请你写出"事实"与"观点"的本质区别：
1.
2.

课例研究工作坊　　203

什么？必须是真实的,是客观存在的,对吧？如果是假的就一定不是事实。我们都知道事实是客观的,所以才有一句话叫"事实胜于雄辩"。因为它客观,所以才不用证明嘛,是不是这样的？事实是不用证明的,而观点、看法这些主观的东西一定需要什么？需要证明。

我们今天上课的学习任务是用事实证明观点。请问,黑板上的两句话哪些是观点哪些是事实？

生:"张悦非很喜欢插嘴"是观点,这个观点需要事实的证明,事实就是:张悦非每节课都要插嘴5次以上。可见,他确实很喜欢插嘴。(生笑)

师:接下来继续要讨论的下面这两个表达:"刘成鹏上课举手发言"和"刘成鹏上课积极举手发言",这两句话有什么不同啊？

生:第二句多了"积极"这个词。

师:"积极"是什么？这是需要证明的。什么样的表达需要证明呢？就是"积极"还是"不积极",是吧？这是主观上的一个看法,属于主观判断,是对刘成鹏上课发言态度的评价。评价显然是主观的东西。而"刘成鹏上课举手发言"这句话陈述了一件事实,它是对事实的一种描述,而不是评价。这句话作为描述,是对事实的一种呈现。现在大家能区分事实和观点了吗？或者说,我们能判断什么是事实,或者不是事实吗？

观点一定需要事实的支撑才能够站住脚。如果我们分不清哪个是事实,哪个是观点,就很容易犯一个错误,那就是:用一个看法来证明另外一个看法。比如,我们说7班男生很活跃,所以7班是一个活跃的班级。这能证明得了吗？

生:不能。因为男生很活跃这一点本身就需要证明,它没有足够的说服力。

师:我们这节课的主要任务就是研究一下许多文章中的事实究竟能不能支持文章的观点。

【要点评议】
这段导入如此之长,但不觉累赘,因为它立足于学生的实际经验。同学在课堂上谈自己的同桌,谈对班级的感受。教师巧妙地将这一切转化为写作教学资源,自然,妥帖。

好,我们现在需要看第一则材料。同学们,请你们先在这段文字中划出有哪些事实,然后再看这些事实究竟能不能支持文章的观点。

二、辨析

（投影）

材料一：我们不能放过生活中的任何小事所能带给我们的机遇，只有抓住了这个机遇，我们才能超过现在自己的基础。化学上所学的酸碱度测试是化学家一次偶然的机会将碱液滴到了紫罗兰花上才发现的；放大镜也是工人在制作镜片时偶然发现的。著名的小提琴家提尼克洛在监狱度过了十年，其间只有一把仅有一根弦的小提琴陪伴着他。但他却用这把琴不断地练习，使他的音乐造诣达到极高的水平。正是他抓住了这个机遇才让他功成名就。

师：这段文字中有哪些事实材料？

生：化学家发现酸碱度测试，放大镜的发现，小提琴家提尼克洛的故事。

师：这些事实想说明什么观点呢？

生：就是文段第一句。

师：大家觉得这些事实与观点都具有一致性吗？

生：我觉得这段材料中的尼克洛苦练小提琴的事实无法说明要抓住机遇这一观点。

师：你认为这个材料不合适的理由是什么呢？

生：一个人被关进监狱，无论如何不能说是"机遇"。

师：那么，是不是意味着这个材料就完全不合适，应该删除呢？你有没有办法把它表述得更加合适观点呢？

生：……

师：没有想好没关系，你已经有了一个基本的判断了。请大家注意这三个材料同本段观点是否一致？

生：这段话的观点是"小事中的机遇"，材料说提尼克洛在监狱度过了十年，这就既不是"小事"，也不是"机遇"。

师：那么，我们究竟应该怎样调整呢？

生：……

师：既然大家还感到困难，那我们先搁置一下这个问题。先看第二则文字中观点和材料是否有不一致的地方。

【听课笔记】

不硬启发。一时解决不了就暂时搁置。教学要有耐心，要学会等待。

(投影)材料二

只有淡泊名利,才可能使我们成功。曾记否,那傲然站立在元军铁骑下的铮铮铁骨——文天祥。当年的他,被元军抓获后,依然顽强地抵抗着。元军一次又一次用金钱财富与高官名位来诱惑他。而他呢?依然不屈服。最后的他死亦悲壮。在名利的面前,他没有动摇,他淡泊的心境主导着他不能屈服。即使多么巨大的名声还是多么庞大的利益,他依然淡泊地回答着"我不会跟随"。淡泊名利,也表达了他的志向,也造就了一个响当当的男子汉。

生:我觉得这段话的事实与观点是不符合的,文天祥的事例无法证明"成功"。

生:事实和观点的侧重点应该一致。文天祥当然有淡泊名利的一面,但这段材料主要体现的是文天祥铮铮铁骨、顽强抵抗的品质,和淡泊名利、取得成功无关。

> 郑老师为什么一连列举三段文字?为什么都是点到即止?

师:是的,文天祥这个人物最重要的特点不是"淡泊",而是"爱国"。你说的是材料表述的角度要调整,要侧重表述材料最本质的特点。对吧?我们再看第三段文字。

(投影)

拥有一颗平常心

历史上怀揣着一颗平常心去做事从而获得成功的人遍及中外。

汉代的史官司马迁因惹怒汉武帝而遭受腐刑这一奇耻大辱。常人受此大辱结果自是悲愤欲绝。而司马迁却能怀着一颗平常心,继续他的工作,完成了"史家之绝唱"《史记》。正是司马迁的平常心使得《史记》没有成为一本谤书而丧失其价值,也正是他的平常心使得他自己也被刻入丹青名传后世。

荷兰的科学家居里夫人也是一个怀有平常心的人。她怀着一颗平常心,不畏艰难,从数吨的废料中提炼出了镭。在以一个女人的身份获得诺贝尔奖的殊荣后,她仍然怀着一颗平常心从事她的研究。不久她又发现了一种元素,再获诺贝尔奖。如此荣耀加身她却始终以一颗平常心对待。而正是这种平常心使她化为教科书里的单位"居里",正是这颗平常心使得爱因斯坦对她大加赞誉:"在众多科学家中,玛丽·居里是唯一一个没有被盛名宠坏的人"。

始终忘不了巴赫那如小溪一般清澈优雅的音乐，那是只有拥有一颗平常心的人才能谱写出来的；也难以忘却贝多芬的《命运》，那是一颗怀有平常心的人对命运发出的无畏的怒吼！

生：有一个问题，居里夫人到底是哪个国家的？

师：是啊，这个问题很有意思呀！翻开教材看一看，《跨越百年的美丽》，写居里夫人的，她是哪一个国家的？波兰。但是这个学生写成了什么？荷兰！这显然在事实层面上就失真了，犯了知识性的错误，常识出了问题。这违背了材料的真实性的原则。（板书：**材料应真实，不能有错误**）很好，感谢你的贡献。还有什么问题？

【观察者点评】不是简单地纠正错误！与教学目标发生关联。

生：司马迁因惹怒汉武帝而遭受腐刑，但是他依然完成了巨著《史记》。这个材料也不是讲平常心的。

师：很好！大家看过司马迁的《报任安书》吗？读懂这篇文章，就能够了解司马迁是什么样的人，就能够充分证明你的看法：司马迁写《史记》，是因为他有很多话要说，有强烈的意图，而不是什么"平常心"。这是和观点很不一致的材料，就不适合运用论证这一观点。

生：居里夫人获得诺贝尔奖好像也不能说是由于怀着平常心来做事。

生：居里夫人材料前面说她"不畏艰难"才获得成功，可后面又说她怀有平常心，这就有点不太一致了。

师：居里夫人这个例子和司马迁的例子不同。**居里夫人身上有好几方面的品质**，一方面是科研上的执著，不畏艰苦，忍受种种生活上、工作上的不便。但另外一方面呢，**她确实有平常心的一面**，比如《跨越百年的美丽》中她把自己的奖牌给孩子当玩具，就很能说明她对待荣誉是有着一颗平常心的。因此，在运用居里夫人这个材料时，我们就应该侧重她平常心的一面，描述材料就要有所侧重，有所突出。所以当我们**用事实来证明观点的时候，一定要选取与观点一致的角度**。而当材料有多个侧面时，我们就要侧重选取与这个观点一致的角度，这非常重要。

生：巴赫和贝多芬的材料，好像没有涉及"平常心"。

师：你认为这两位音乐家是否可以用来证明"平常心"呢？

生：如果要用，就要增加一些内容，让我知道巴赫、贝多芬具有什么样的平常心，这些平常心是怎样让他成功的。

师：说得真好！其实你提到一个非常重要的原则：材料与观点之间的契合点一定要有所展开。（板书：展开契合点）现在我们总结一下刚才几段文字中暴露出来的问题。第一，材料必须真实，居里夫人是荷兰人，这就是材料失真，首先要避免；第二，司马迁例子，与观点不一致，不能使用；第三，巴赫、贝多芬例子，契合点没有展开；第四，居里夫人例子，侧重点不一致。这些问题在写作中我们都要注意避免。下面，还有一个很难的语段，难度最大的总是最后出现的啊！这很有挑战性哦！大家试一试。

【要点评议】

教师选择的例子是很讲究的。每一个例子都在前一个例子基础上增加一点新的东西。几个例子汇总起来基本呈现学生写作中常见的缺点。

（投影）

有的时候，当你面对的困境后面依然有，甚至有更大的困境时，你是否依然愿意付出巨大的代价去穿越它？或许你不愿意，但是埃尔温·隆美尔愿意。面对给养、装备的严重缺乏，面对超过一比十力量的绝对劣势，面对英美绝对力量的两头夹击，他依然率军出击，以微不足道的代价击毁盟军超过 200 辆装甲车。虽然这未能阻止 1943 年 5 月 25 万德意志联军的投降。1944 年，莫德尔以 20 个师的兵力从阿登山区突然进攻，突入盟军阵地 50 英里，虽然，这也未能阻止 1945 年柏林陷落，第三帝国的灭亡。（《穿越困境》）

师：最后这一则学习材料，对你们来说有一点挑战性的。很多同学对二战时期的军事统帅很熟悉。隆美尔，喜欢历史的人都知道吧？这里面的材料是否真实呢？

生：还比较真实。

师：这个材料里，隆美尔以微不足道的代价击毁盟军 200 辆装甲车，莫德尔突入盟军阵地 50 英里，这些数据老师都专门核实过，都是真的，没有编造。大家怎么看这个例子？大家看看这个例子有什么要注意的地方？或者说是需要我们要吸取教训的地方？或者是写作时候提醒自己的地方？喜欢历史的同学谈一谈。那位男孩子，你知道隆美尔吗？那你就可以来做一个评价啊，材料用得怎么样？

生：隆美尔是二战时期德国著名的军事家，打过很多胜仗。被称为"沙漠之狐"。

师：好的，请大家不要忘了隆美尔是希特勒的优秀统帅。

生：隆美尔虽然军事上很有才干，但他毕竟是法西斯德国的统帅，用这样一个人来做正面例子说明要"穿越困境"总让人感觉不是滋味。

师：你的意思其实大家都明白了，传递得也很清晰，但请你再表述一下，是什么意思？可以怎么样讲？

生：虽然从局部上看，隆美尔是打了胜仗，也穿越了困境，但从整体上看，他的胜利是反人类的胜利，是不应该作为榜样来看待的。

师：非常好啊！所以，从这段文字里我们知道：仅仅是材料符合事实还是不够的，我们还需要考察这个材料是否符合一种正确的价值取向。懂吗？

三、总结

大家经过了辛苦的一堂课学习，回忆一下这节课学到了什么？你记住了些什么？你理解了些什么？哪些你能够应用，哪些你准备应用？

生："客观事实"与"个人看法"是不一样的。

师：你会辨认二者之间的不同吗？

生：事实，是真实存在的东西；看法，是个人主观的意见。

师：区别二者之间的关系，有以下几种方式。老师做了一些概括，请大家注意。

【知识总结1】
- 第一，"事实"是可以确认的，如"上海是一座城市"；而"看法"则必须通过说理、讨论才能确认，如"上海是一座美丽的城市"。
- 第二，"事实"陈述使用那些具有可共同确认词义的字词，如"圆形"、"欧洲"、"木头"等。"看法"使用的字词是个人理解的，如"美好"、"丑陋"、"棒"、"爽"、"折腾"、"胡闹"等。

【知识总结2】材料与观点是否有偏差？

对策一：选择那些核心特征与观点吻合的材料；

对策二：具有多面性的材料，叙述该材料时应该有所侧重。

【知识总结3】如何确保论证严谨？如何确保材料与观点的一致？

从如下方面核查用来证明观点的材料：

◆ 材料中的信息是准确吗？

◆ 材料是否不支持观点？

◆ 材料与观点是否有偏差？

◆ 材料的局部与观点一致，但整体倾向性是否有问题？

师：除了上面这些，大家还记住什么了？

生：写作文的时候，所陈述的材料必须跟人类价值取向要一致。

师：很好，非常好。还有呢？

生：事实材料和观点也要一致。

师：不一致的时候怎么办？

生：删。

师：完全删？

生：可以调整。

师：不要观点和事实完全不搭界，对吧？这些恐怕是我们要记住的。但是，只是记住是不够的。我们还需要运用，对吧？只有运用了才是自己的。大家都做了笔记，这很好，能记住这些知识是学会运用的第一步。

现在请大家开始第二步，就是尝试运用。建议大家写一个常态的作文题——节俭是一种美德。希望大家能够写出一点有说服力的文章，要做到有说服力，方法之一就是能够运用事实来证明观点。

当然，我们今天重点是讲怎样用事实来证明观点。其实，我们还需要对事实进行分析、评价，要学习怎样分析事实，如何把事实和观点连接起来，这些都需要进一步地学习，只不过今天我们还没有教。写作之路很长啊，不可能一蹴而就。路漫漫……

生：其修远兮！

师：所以，我们还需下大力气。好在我们6班是活跃认真的班级，相信到高三的时候大家就可以运用得很自如。

问题研讨

本课例最大的特点是没有面面俱到。学生写作中存在的问题固然很多，但教师在有限的课堂中不可能一一兼顾，伤其十指不如断其一指，所以郑老师采取了这样的教学策略：聚焦一个关键问题，狮子搏兔用全力，力求一堂课能够真正解决一个实际问题。

本课例中，教师耗费一个课时，让学生辨析了什么是"事实"，什么是"观点"，接着用了五个语段从不同侧面让学生体会到"事实"应当如何充分地支持"观点"。最后，又对这一知识做了系统总结。这样的设计相当合理。

教学目标来自学生写作的实际问题，教学材料来自学生写作中的真实材料，教学过程完全是学生现场研讨斟酌的思维展开过程。这是一堂基于学生实际的写作指导课。

应当说，这是一堂写作知识课，也是一堂写作思维训练课。但是，如果希望形成较好的写作能力，还必须开展相应的写作练习，要让学生形成自己的观点，并且寻找恰当的事实准确地论证自己的观点。当然，这就需要另外设计的写作课予以实现了。

资源链接

1. 王荣生.我国的语文课为什么几乎没有写作教学？[J].语文教学通讯，2007(12B).
2. 孙绍振.从感性诗化向智性分析深化[J].语文建设，2007(7-8).
3. 潘新和.写作教学应以议论文为重点[J].语文学习，2010(10).
4. 潘新和.试论"议论文三要素"之弊害[J].语文建设，2012(1).

后续学习活动

任务1：阅读下面两段文字，指出文章确立的观点与所使用的事实材料。

成熟的稻谷会弯腰

你留意过大雪过后的雪松吗?它的树枝因积雪而压弯了腰,低垂下来。第一次看的时候我曾这样想,不是"大雪压青松,青松挺且直"吗?雪压青松也弯腰,岂不愧对先人的赞誉?思绪一闪而过,眼球早被另一雪景吸引。人行道上的梧桐,虽然它们也高低错落,交叉穿梭,但却有很多枝条因不能弯腰而被雪压断了。

原来雪松之所以在大雪的重压之下弯下腰来,为的是不让自己折断,为的是往后的日子继续挺拔向上。原来,弯腰并非就是软弱,而是一份弹性,一种韧性,是生命的一种更深刻的睿智!蔺相如"先国家之急而后私仇",诸葛亮"鞠躬尽瘁死而后已",鲁迅"俯首甘为孺子牛"。这些弯腰成就了他们,让他们从凡人走向圣贤。需要指出的是,弯腰并非毫无原则的妥协,而是一个人走向成熟的标志。对于外界的压力,我们要尽可能地去承受,在承受不住的时候,不妨弯一下腰。是的,有时弯腰就如同蝉蜕。那不是倒下,而是通过自身的改变,来创造一个全新的自我。

任务 2:指出文中观点与事实不一致的地方并加以分析。

任务 3:你会运用什么知识指导学生修改上面的文段?